輶轩使者
语言学家的田野故事

李宇明　王莉宁　主编

2020年·北京

图书在版编目(CIP)数据

辀轩使者:语言学家的田野故事/李宇明,王莉宁主编.—北京:商务印书馆,2020
ISBN 978-7-100-18361-1

Ⅰ.①辀… Ⅱ.①李… ②王… Ⅲ.①语言调查—中国—通俗读物 Ⅳ.①H004.2-49

中国版本图书馆 CIP 数据核字(2020)第 067707 号

权利保留,侵权必究。

辀轩使者:语言学家的田野故事
李宇明 王莉宁 主编

商务印书馆出版
(北京王府井大街36号 邮政编码100710)
商务印书馆发行
北京顶佳世纪印刷有限公司印刷
ISBN 978-7-100-18361-1

2020年5月第1版　　开本 880×1230 1/32
2020年5月北京第1次印刷　印张 9⅝
定价:46.00元

目 录

001　序：语言学家的田野与田野里的语言学家

情

002　语言，一座温暖的桥梁　孙宏开（中国社会科学院民族学与人类学研究所）

006　语同言通亲情浓　邢福义（华中师范大学）

012　方言调查琐忆　李行健（语文出版社）

021　往事情怀：李荣先生带我做田野调查　张振兴（中国社会科学院语言研究所）

026　上阵"父女"兵　王洪君（北京大学）

031　儿童是一块磁石　李宇明（北京语言大学）

036　最有国际友谊意义的一次方言调查经历　史皓元（美国新泽西州立罗格斯大学）

040　赤道悲情　罗福腾（新加坡社会科学大学）

044　普米情深　蒋颖（中央民族大学）

047　我的仡佬情缘　何彦诚（广西师范大学）

051　陪女儿做田野调查　罗昕如（湖南师范大学）

055　我和母亲的方言故事　阮桂君（武汉大学）

058　湖南之南　唐伶（北京语言大学）

061　行走湘西南，不了平话情　胡萍（中南林业科技大学）

065　田野里的"戴家军"　戴宗杰（鲁东大学）

069　模范"考生"　黄小平（赣南师范大学）

072　教我如何不想他　张勇生（江西师范大学）

076　曹妃甸的"花木兰"　沈丹萍（浙江师范大学）

事

082　方言田野调查的艰辛与愉悦　陈章太（国家语言文字工作委员会）

086　从事汉语方言调查的片段回忆　钱曾怡（山东大学）

089　奔走田野留下的记忆　李如龙（厦门大学）

094　两次田野调查纪事　沈明（中国社会科学院语言研究所）

098　南澳岛田野调查追记　林伦伦（广东技术师范学院）

102　初识"后山人"　陈晖（湖南师范大学）

106　燕话如伤旧时春　肖萍（宁波大学）

109　烛光晚餐　曹道巴特尔（中国社会科学院民族学与人类学研究所）

113　难忘的几次跨境语言调查　刘劲荣（云南民族大学）

117　"走廊"上的寒来暑往　莫超（兰州城市学院）

121　既知夏官，也知城关　邓文靖（兰州大学）

125　青藏高原的声音　孟雯（北京语言大学出版社）

128　我在黄土高坡做调查　孙建华（西安外国语大学）

132　邂逅石台　杨慧君（广东外语外贸大学）

136　安宁之地有妙音　张秋红（北方民族大学）

139　小渔村有大学问　张驰（成都大学）

142　南海拾忆　樊艺（北京市第二十中学）

理

148　跨境语言调查与换位思考　戴庆厦（中央民族大学）

153　心诚则灵　张惠英（海南师范大学）

157　走访沙巴"山东村"甲必丹记略　郭熙（北京华文学院）

161　珍贵的调查　汪平（苏州大学）

164　在田野中认识真实的世界和语言　赵蓉晖（上海外国语大学）

168　如何开口说"不"　高婉瑜（高雄师范大学）

172　社区词的社会调查　田小琳（香港岭南大学）

178　多语多文：莫合尔图风采　丁石庆（中央民族大学）

182　调查材料比命更重要　李大勤（中国传媒大学）

185　参与者观察法与语言调查　陆天桥（江苏师范大学）

189　破解"绿色代码"　许鲜明　白碧波（玉溪师范学院）

194　"裸　调"　胡松柏（南昌大学）

199　异域采风纪　侯兴泉（暨南大学）

203　田野调查和调查田野　徐越（杭州师范大学）

206　永恒的田野　陈山青（湘潭大学）
210　"学者のたまご"的自我修炼　崔蒙（中国刑事警察学院）
213　"洋留守儿童"调查记　孙浩峰（浙江师范大学）

趣

218　我与田野调查　鲍厚星（湖南师范大学）
223　女书风景拾零　赵丽明（清华大学）
228　处处可"淘"，处处有"宝"　周荐（澳门理工学院）
232　永寿发音人寻访记　邢向东（陕西师范大学）
237　气傲皆因经历少，心平只为折磨多　严修鸿（广东外语外贸大学）
240　大狗场　李锦芳（中央民族大学）
244　三　早　覃凤余（广西大学）
248　走进马尿水　吕嵩崧（百色学院）
252　"田调"遇风记　甘于恩（暨南大学）
255　记忆中的微笑　瞿建慧（吉首大学）
258　我是一个不小心出生在荷兰的景颇族　乐安东（榕树根儿童教育公益机构）
262　谁家玉笛扬曲韵　徐蓉（上海子水文化传播有限公司）
267　一方人说一方话　黄玉良（陕西省洛川县财政局）
270　秀水的清泉　邓玉荣（贺州学院）
274　计算机的诗意　矣晓沅　孙茂松（清华大学）

279 田野拾趣　朱德康（中央民族大学）
282 小小研究生　邹妍（北京市朝阳区花家地实验小学）
285 变形计　王莉宁（北京语言大学）

289 后　记

序：语言学家的田野与田野里的语言学家

中国语言研究的历史悠长而辉煌，与古希腊语言学、古印度语言学并称人类语言学的三大源头。田野调查是中国语言学的传统。早在2500多年前，周代就设有调查方言俚俗的专职官员，他们奉天子之命，每年秋收后游走各地，采集民歌、童谣和方言异语，供朝廷考察民情之用。这种田野调查，汉代《风俗通义·序》里有鲜活记载："周秦常以岁八月，遣輶轩之使，求异代方言，还奏籍之，藏于秘室。"西汉时，给事黄门郎扬雄更是把这一调查方式推向极致，"常把三寸弱翰，赍油素四尺，以问其异语，归即以铅摘次之于椠"，历时27年，编就《輶轩使者绝代语释别国方言》（简称《方言》）。扬雄的《方言》是世界上第一部对不同时期、不同地域、不同方言（甚或不同语言）的词汇进行比较研究的经典著作。在欧洲，同类著作迟至18世纪才问世。中国古代这些乘着轻车奔走田野记录语言的人，被称为"輶轩使者"。

中华文脉延续数千年从未间断，田野调查的传统始终滋养着中国语言学的发展，一代代"輶轩使者"在语言学的田野上耕耘，春种秋收，硕果盈仓。1922年《歌谣周刊》创办，两年多时间征集到民间歌谣13000多首，是《全唐诗》的四分之一。接着成立风俗调查会和方言调查会，促进了中国方言学的诞生。他们是新时代的"輶轩使者"。

1956年，为落实"现代汉语规范学术会议"精神，高等教育部、教育部联合发布《关于汉语方言普查工作的指示》，在全国范围内开展汉语方言普查工作。同年，中国科学院、中央民族事务委员会组建7个调查工作队，分赴全国少数民族地区进行语言普查。两年多时间，共调查了1849个县市的汉语方言，42个民族的50多种语言，并帮助壮、布依、苗、傈僳、哈尼、佤、拉祜、纳西、黎、侗等民族设计了文字方案。改革开放以来，中国又先后实施了"'中国新发现语言'调查研究""中国语言文字使用情况调查""中国濒危少数民族语言调查""《中国语言地图集》编制""中国语言资源有声数据库建设""中国语言资源保护工程"等重大语言项目，新中国的"𫐐轩使者"向世界展示了中国语言资源的壮美画卷。

不过，与人类学、民俗学、社会学等其他学科相比，语言学缺少"调查笔记"这一表述形式，缺乏与大众学术上的紧密沟通，语言调查、记录、研究之法罕为社会知晓，语言学家的形迹风貌也很少呈现于众，甚至产生不少类似"语言学家就是会说很多语言的人"的误解。《𫐐轩使者：语言学家的田野故事》，邀请70多位语言研究者讲述其语言调查经历，通过发生在语言学田野里一个个妙趣横生的故事，刻画了语言学家的工作群像，为严肃的语言学增添些许轻松意趣，涂抹几分人文暖色。

𫐐轩使者是"有情之人"。语言是人类至为重要的交流工具，学习、研究一门语言，就是在走近、在理解说这门语言的人。在语言田野中，发音人是帮助语言学家认识、记录、描写、研究一门语言的重要伙伴。语言学家常与萍水相逢的发音人结下深厚情谊，在一问一答之间，交流的内容从语言条目延伸至家长里短、桑麻生计，调查结束也长期联系问候，成为好友，甚至如同亲戚。如果以父母或子女的语言作为调查对象，家庭也是一方田野，语言传承加深了亲情沟通，不少同行还把家人培养成了母语记录者。田野调查要经受非常刻苦的专业训练，老师需逐个示范如何问音、辨音、审音、记音；学生从亦步亦趋到思考发问，从调查助理到独当一面，这才有了语言研究的入门功夫，之后才能登堂入室。朴实的口耳之学就这样在田野里薪火相传。本书有多位身负盛名的语言学家，讲述老师带领自己初入田野的经历，借由先生们的讲述，我们也再次感受到丁声树、李荣、徐通锵等前辈学者严谨治学、重视实证、精益求精的宝贵品质。

　　轺轩使者是"有故事之人"。在经济全球化的快速进程中，在世界语言单一化的压力下，许多语言、方言趋于濒危，随之而来的是这些语言、方言所负载的传统文化、传统世界也走向衰微，急需抢救性的调查保护。受使命驱使，语言学家的足迹遍布全国乃至海外，从青藏高原、黄土高坡、河西走廊到蒙古草原，从东北雪域到南海之滨，从西南原始森林到湘南、闽北山区，甚至漂洋过海、跨国越境……田野调查也许被人看作旅游般轻松浪漫，但其实尤为冷峻骨感。舟车劳顿、水土不服、蚊叮虫咬是家常便饭；言语不通、文化隔阂、风俗迥异造成的误会比比皆是；因高原反应缺氧，因山路崎岖摔伤，因台风、雨雪、泥石流等被困途中也时有发生。不过，在语言学家的眼里这并不算什么，因为"材料比命更重要"；语言保护是与时间赛跑，要赶在某种声音消逝之前，保存它的痕迹。

　　轺轩使者是"完善理论之人"。语言学是一门经验科学，是建立在田野调查基础上的实证科学。教科书上的金玉良方，课堂讲解时枯燥艰涩，需经田野实践方能"内化"，方能行之有效。例如，如何寻找合适的发音合作人，如何安排好调查程序，如何获得自然真实的语料，如何从细枝末节中发现重要规律，如何跨越文化差异做客观记录者，如何在陌生环境里寻得各方协助，这些都需要反复操练，最后或可形成独家秘籍。礼失求诸野，古籍里记载的一些语言现象，有的在当今通用语里已难觅踪迹，但通过田野调查的记录挖掘，往往能够意外觅得，或是见其端倪；这些古代语言的"活化石"，能够为构建或印证语言演变理论提供支撑。

　　辅轩使者是"有趣之人"。在书斋里治学，常持严肃沉静之态，而一入田野，便会满面春风，放飞自我。特别是语言调查，通过耳听手记进行，即使平日里沉默寡言，此时也须能说会道，反复询问，生怕遗漏了什么。调查不断深入，一门新的语言面纱逐步揭开，看似杂乱无章的语言片段渐显规律，"发现"之快感是不可替代的，甚至也是他人难以分享的。闲暇之余，或与发音人小酌几杯，或入乡随俗体察民俗文化，或漫步于山野饱享大自然的馈赠，忘我忘情。难怪很多语言学家说："田野调查是会上瘾的。"

　　语言学的田野，其实不限于方言调查的田野，社会语言学的社会调查，实验语言学的语言实验室，文献中的传统的例句搜集，语料库语言学的语料搜集与建库等，都有语言学的田野。语言生活和语言学涉及的各种场地，都是语言学的田野。

　　过去，人类生活在社会空间和物质空间中。随着互联网和语言信息技术的发展，人类又营造了一个新空间，即过去所谓"虚拟空间""网络空间"，现在称为"信息空间"。在当今的"三空间"世界里，我们在"信息空间"逗留的时间越来越长，工作、学习、休闲、娱乐都与互联网相伴，电脑和手机成了"外挂大脑"。人与人的交际已经变得"奢侈"，"人—机—人"的交际成为日常交际模式，大量的语言信息储存在网络里。信息空间成为此前任何时代的𫐌轩使者都未见识过的新田野，而且也是最为富饶的田野。如何利用互联网发展语言学，语言学如何促进语言智能的发展，促进信息空间的建设，都是当代𫐌轩使者要回答的时代课题。

己亥与庚子之交，新型冠状病毒侵袭我国，蔓延世界。医疗队赴湖北，马上遇到了医患方言沟通问题。"战疫语言服务团"利用湖北"语保"资源，利用微信、微视频、融媒体、即时翻译等现代语言技术，利用网络，隔空发力，迅速制作《抗击疫情湖北方言通》支援抗疫一线。当前又在研制《外语通》，以帮助在华来华的留学生和其他外国友人；研制在突发公共事件中应急的"简明汉语"；考虑对特殊人群的"语言抚慰"问题；呼吁建立突发公共事件的语言应急机制。基于互联网的语言学研究，将成为语言学家田野工作的新样态。

今日是农历的惊蛰之日，百物萌新，百虫蛰启，百毒灭消。"借问瘟君欲何往，纸船明烛照天烧。"愿本书与读者见面时，𫐌轩使者又能自由驰骋于田野之中，不负春光明媚如许。

李宇明

2020 年 3 月 5 日

（农历惊蛰之日）

语言，一座温暖的桥梁

孙宏开（中国社会科学院民族学与人类学研究所）

田野调查是许多民族语言工作者从事语言研究的必由之路。作为一名民族语言研究工作者，回想过去的田野经历，许多事件至今仍记忆犹新，甚至许多经历都是一生仅有一次的。

过去我所做的田野调查，有时候面临的是和自己日常所熟悉的社会、自然地理环境完全不同的陌生环境。在那样的条件下要完成调查任务，与当地群众建立良好关系，这对完成调查任务很有帮助。

1956年7月，我们曾在四川一个叫维古的点做羌语调查。一开始我们与当地群众还有些隔阂，工作开展得很不顺利。后来我们学习他们的语言，生活在他们中间，与他们打成一片，很快就彼此熟悉起来了。他们为我们每个调查队员都起了一个羌族的名字，称呼起来十分亲切。从此工作开始变得顺利起来。维古调查结束后，工作组转往茂汶羌族自治县（茂县、汶川县、理县的合称）工作。1957年春节前，我们全部完成了试点调查。此后数年我带领几名普查时留下工作的调查队员，转战在羌区各主要村寨，逐点补充和核对普查时各组记录的材料，一直在羌区工作到1960年5月（中间有两次回北京汇报工作）。在此期间，我们和当地群众长期坚持"三同"（同吃、同住、同劳动），一起上山砍柴，一起下地割麦子，建立了鱼水关系。直到1987年我带北京大学的研究生再去当年住过的老乡家里访问时，老人拿出

20世纪50年代我们在该地拍摄的已经发黄的照片给学生们看,并讲述当时的调查情景,使大家激动不已。与当地人建立良好的关系,不仅是为了一次次的调查,也体现着调查人员对不同语言文化背景的人们的尊重和认同。有时,在陌生的环境下,语言是让人们稀释陌生感的最佳溶剂。

调查独龙语和怒语的时候,条件很艰苦,调查过程中也曾多次受到当地群众的帮助。

1960年5月,我和多吉同行,准备到贡山调查独龙语。当时,从维西到贡山要步行5天。我们跟着马帮走了320多里路,翻越了碧罗雪山,夜里就在山上砍蕨菜铺油布露宿。赶到怒江边时,天还下着雨。物资转运站的人们热情地接待了我们,给我们烧洗脚水,给我们煮鸡蛋面吃。那一晚,我们在粮仓的麻袋上垫了几件军大衣,舒舒服服地睡了一觉。

后来从贡山县到独龙河,要翻越高黎贡山。那条路只有人行道,没有马道,运往独龙河的一切物资都靠人背;路上既无转运站,也无村落。因此要备足4至6天的口粮和自炊的用具,还要做好露宿的准备。所谓的路就是在原始森林中钻来钻去,进入灌木林,最后翻越光秃秃的终年积雪的高黎贡山。经过4天的跋涉,才到达4区独龙河。我们的调查点在3村,从4区到3村还有100多里,要经过3座藤篾桥、数座天梯、无数独木桥,毒蛇、蚂蟥、毒蚊随时随地都有可能袭击你。这条路是我一生中遇到的最难走的路。

3村那个地方与外界几乎隔绝,生活非常困难。一天两餐只有盐巴和干辣椒,有时有一点青辣椒、黄瓜或南瓜,算是改善生活了。那里的老百姓特纯朴,我们在记录他们的语言时,他们经常在周围看热闹，有时也用独龙语插上两句，看到我们模仿他们的语言有歧义时，往往哄堂大笑。他们给我起了一个名字叫"阿鹏"，独龙语是老大的意思。我们的口袋里、枕头边，有时会发现不知是谁塞给你的一条黄瓜，或者几个核桃。直到现在我也无法解开这个谜，是谁往我的口袋里塞进了核桃，在枕头边放了黄瓜？是那个流着鼻涕的小姑娘，还是经常笑眯眯地靠在篾巴门边看我们调查的纹面妇女？

当然，语言调查有时是非常枯燥的。要了解一种语言的基本结构，至少要记录3000个常用词，数百个句子，初步整理出一个语音系统和一套语法概要。要完成这些任务，最快也要半个月，一般要一个月左右。但是当你在记录语言材料过程中有所发现时，你又会沉浸在无比的喜悦之中。

1976年我们在西藏察隅县做"三巴"语言调查时，就经常处于这种状态。那时我还做了这样一个试验，即如何用最快的速度，学会用一种自己完全不熟悉的语言，来表达日常生活中最常用的句子，以便达到交际的目的。我到达察隅的第二个月，在夏尼、巴安通等僜人的村子里，我们就可以不带翻译下村子串门了，给群众理发（一百多人次），和他们一起插秧……一下子就缩短了与当地干部群众的心理距离。后来在墨脱县调查门巴族和珞巴族的语言时，我发了恶性疟疾，每天还得去卫生所打针。然而，即使在这种情况下，我仍然坚持工作。后来调查组出发去德兴区文浪乡实地调查，我随队前往。在越过雅鲁藏布江上近200米长的藤篾桥时，我已经是气喘吁吁、汗流浃背了。但大家希望早点赶到文浪，因此走得很急。估计从区上走出去不到2小时，我已经眼冒金星，感到天旋地转了，虚汗也湿透了我的衣服。有人提议休息一下,等大家一坐下来,我一下就晕倒在雅鲁藏布江边上的一个树林里。醒来时,我已经躺在德兴区的卫生所里,门巴族的卫生员在给我静脉注射大管的葡萄糖。后来我才得知,在这个前不着村、后不着店的地方,是一个放牛娃通知了当地民兵,门巴族兄弟把我背回了区上,使我捡了一条命。在区上养病的短短几天,在生活条件十分困难的情况下,区里从领导到卫生员,给了我无微不至的关心、照顾和帮助,让我终生难以忘怀!

语同言通亲情浓

邢福义（华中师范大学）

1993年6月，我去新加坡参加了一个由美籍学者发起举行的大型汉语国际会议，应邀赴会的中国大陆学者有十多人，张志公先生也去了。教育部指定伍铁平先生和我担任正副组长。当时，从武汉去新加坡没有直达飞机，北京和广州才有。家在北京的伍先生约我一起走，于是二人分别购买了同一时间的机票。赴新前一天下午，我到了北京。打电话跟伍先生联系，嫂夫人回答，他换到了一张更方便的机票，已经提前走了。

那是我第一次去新加坡。到了新加坡机场，我在出站处东张西望，看看有没有会议安排的接送车子。没有。怎么办？我只能自己"摸"。怎么"摸"？问华人。于是，出站后一看到像是有文化的华人，我便递上会议邀请书，指着旅社地点问路。然而，到指定的旅社后，旅社的工作人员告知，住处已经转到另一家旅社。于是，又上路再"摸"。一波三折的路上，六位先生帮助了我。我跟他们交谈，用的是华语。他们知道我是从中国大陆来的，个个热情指引。我心里，暖暖的！

在旅社安顿下来，吃了晚饭之后，有人按门铃。开门一看，一位40岁上下、长得很帅的先生站在面前。他说，他的祖辈是从中国过来的。明天会议就开始了，他很乐意每天都接送我往返会场和旅社。他就是李彦溪先生。他并没有接送与会者的任务，他只是想为"华族亲人"尽尽心。他不仅开会期间每天接送我，还在我回国时把我送到了机场。分离时,他问我到新加坡有什么感想。我说,我为新加坡华人兄弟的成就深感骄傲!从此,我们成了好朋友。

在相当长的时间里,彦溪先生担任过新加坡教师总会会长,还在新加坡教育部参与中小学华语教材的编写工作。我们经常互通邮件。如果他到武汉,或者我到新加坡,我们都像久别的亲人,掏心掏肺地谈个没完。特别是在新加坡,他总要开着"宝马",带着我到处观光。

我们互通的邮件很多。下面摘录其中一小部分:

彦溪兄:

课文看过了。写了几点意见,请斟酌。

福义 2005/2/16

邢老师:

谢谢您的宝贵意见,我们一定会按照您的意见进行修改。

托您的福,我的身体还好,只是有点"累"。不再像您在《"护根"情结》一文中所说的"华语征途中一位不知疲倦的跋涉者"。自己肝胆照人,换来的却是背里捅一刀!

我已决定在今年十月十日年届六十时退休。退休后,也不再担任教总的理事长。

我仍会继续为贵校招收新学员,为促进双方的交流尽力。

彦溪 2005/6/10

彦溪兄:

读来信,思绪万端。

做了奉献的人,往往会遭遇闲言碎语。我有很深的感触。

您，一位光明磊落的奉献者，不管什么时候，都会赢得尊敬！

福义 2005/6/10

邢老师：

谢谢您鼓励的话。我会铭记在心。

我刚和秋香联系，她刚接手，不知道要同时将申报表附上。她说她今天就给您寄上，等收到后，您再连同小学的一起寄来给我。我会处理。抱歉！

彦溪 2005/6/13

彦溪兄：

这次相会，又一次留下了难忘的记忆。

我5日晚顺利回到武汉。十天来，忙于处理各种杂事，拖到现在才跟您通信，请原谅。

很希望明年能在武汉接待您和夫人。

福义 2006/9/15

邢老师：

您这次来新，我未能好好陪您到处逛逛，实在遗憾。

您的治学态度严谨，与新加坡教育部官员对话时，讲了关于教改的问题，部里一些已经退休的同事都觉得好。

彦溪 2006/9/18

彦溪兄：

久未联系，近来可好？

我和汪国胜于10月下旬到新加坡开会。思念老友，很想见到您。不知是否方便？

福义 2013/8/25

邢老师：

　　非常高兴能再见面，期待着和您及汪教授一起畅饮的时光！

　　请告诉我航班号，好让我到机场接您。

彦溪 2013/8/26

彦溪兄：

　　昨天傍晚6点，我和国胜回到了武汉。空中飞行时间是4小时40分钟。挺顺利的。

　　这次在新加坡跟您相会，圆了我的"国际思念梦"。高兴至极！您传来的照片，刻录下了永远的记忆！

　　"但愿人长久，千里共婵娟！"

福义 2013/10/30

邢老师：

　　您好！

　　这次相聚，勾起美好的回忆。

　　时光不再，只能回味。

　　宝刀未老，您还肩负起重任。

　　请多保重，别太劳累。

　　谢谢赠字：明月何曾是两乡。

　　四海之内，皆兄弟也！

　　主的恩典，与您同在到永远！

彦溪 2013/10/31

彦溪兄：

　　真情万岁！

　　好人永安！

福义 2013/10/31

邢老师、汪老师：

　　今天中午和陈之权一起用餐，他转交一本邢老师送我的英译版《现代语法学》，两包汪老师送我的精品茶叶。衷心感谢你们。

　　我深信邢老师对现代汉语语法系统的研究已受到国际学术界的高度重视，听说俄译本和韩译本也快出版了，这不仅是贵中心的荣耀，也是国家的荣耀！近期会再来新加坡开会吗？期待和你们面叙。

彦溪 2017/5/30

彦溪兄：

　　多谢您的鼓励。

　　20 多年了，一想到您，心里就涌起一股暖流。交上您这个朋友，是我的福！

福义 2017/5/31

说明：

　　从 2001 年起，我应聘担任新加坡教育部华文教材海外顾问，任期 5 年，除了通信传达意见，还到新加坡履行职责，实地考察了一个月。后来，顾问工作延长了一段时间。那时候彦溪先生也是教材编写工作的成员。他于 2006 年 9 月 18 日的邮件中提到

"与新加坡教育部官员对话",应是我履行职责时的事。

  2013年10月31日的邮件中,彦溪先生说:"谢谢赠字:明月何曾是两乡。"其中佳句,见于唐代王昌龄诗作,我写到宣纸上,赠送给常常思念的好友。

方言调查琐忆

李行健（语文出版社）

每个人从小就会说话，自然说的是家乡话，也就是各自的方言。我记得在北大学习时，老师就提倡，学习语言学先从认识自己说的话开始，特别是同"普通话"进行分析比较。1955年，袁家骅先生开讲"汉语方言学"，要求大家将自己的方言做一个记录，作为课程的练习。因此可以说，学习语言学从认识自己说的家乡话开始，这确实是一种行之有效的方法。

一　丁声树先生教我调查方言

我1958年毕业，分到中国科学院河北省分院语言文学研究所工作。作为新成立的地方语言研究机构，科研工作该从哪里开始，大家很茫然。所领导让我去北京请教吕叔湘先生和丁声树先生。吕先生后来正式给研究所复信说："（河北）天津语言文学研究所的研究工作，鄙见最好结合地方需要，较易收效。"丁声树先生当时告诉我，他建议可搞河北省方言调查，在1956年全国方言普查的基础上再深入搞下去，他希望这次把重点放在词汇和语法方面。这也是他之后一贯的指导思想。研究所根据两位著名专家的意见，决定搞河北省方言词汇调查，并且由我一人承担。如何着手工作，我也没有想出具体的办法。于是又只好去请教丁声树和李荣等先生。恰好不久，丁先生要带领语言所方言室进行河北昌黎方言的全面调查，他让熊正辉同志问我，愿不愿意随他们一起去昌黎调查方言。这大概是丁先生对我请教方言调查问题的具体回答。于是，我有幸参加了昌黎方言调查。

在大队人马分组进村调查方言的前一天，丁先生问我同他去一个点调查好不好？我真的喜出望外，除了连声表示"愿意"外，心里也有点忐忑不安。因为我除听过袁家骅先生的"汉语方言学"课外，只在1956年全国方言普查时，随徐通锵同志调查过张家口和张北的方言。

1958年初冬，我随丁先生一行四人到昌黎渤海人民公社朱建坨村调查当地方言，其他两位熊正辉是我同学，高玉振是我们研究所兼副所长李何林先生的学生，大家相处很融洽，特别高兴能在丁先生的亲自指导下工作。

当时情况同现在不同。村里热烈欢迎我们，生活、工作都安排得很周到。房东把北屋有火炕的大房腾给我们住。特别是调查合作人，可以任我们挑选，并且都十分热心地配合我们工作，没有什么报酬，不讲任何条件。这就为调查工作创造了很好的条件。当时全村人都在生产队食堂吃饭。我们也同他们一起吃饭，为了照顾我们，每天除了白菜或咸菜外，有时还给拌点豆腐，或咸菜里放点香油。

当时请了两位调查合作人，按丁先生的标准，一位中年人，一位老年人，并且最好选见多识广且有一些文化的，但一定要当地土生土长的人。丁先生让熊正辉和高玉振同志各与一位调查合作人记音，丁先生在一旁指导，我在一旁观察见习。后来丁先生也让我开始记音，他站在旁边，边听发音人的发音，边看我记的音标，一有不准的地方他立即细心指导，并把未记准的音同记下的音进行比较,让我知其然还知其所以然。这样一天下来,自然收获很大。每天吃饭时,丁先生还要进行一些讲解,提示记音和词汇、语法调查中要注意的相关问题。还常常讲一些他调查方言的经验,提醒我们某些字有特殊的读音或音变,避免了遇到这类问题处理不好的困难。有些带有隐私的词语,丁先生要调查合作人专门到一边,由他同合作人交流,问什么,怎么问也大有讲究,否则就会出现问不出,或回答不确切等问题。这时我才明白,过去把方言调查理解得简单了。调查完语音,归类完同音字,描写出该点方言的音系,还要进行古今音对比,发现探索其语音变化的情况和规律。对这些事丁先生驾轻就熟,如数家珍。有一天在散步的路上,我问丁先生,古今音对比怎样入手,怎么发现古今的变化以及将古音(反切)折合成今音。丁先生说,先把每个用到的汉字的反切以及声韵位置等记清楚,要像学外语记生字那样下功夫记住,熟练了自然就知道它的内在情况和变化了。这些话看来没有教人什么捷径,但这的确也是学音韵学的不二法门。

  丁先生是一个在工作和生活上严格要求自己的人,所以大家背后都称他为"丁圣人"。除了生活艰苦、工作繁重外,他当时已50多岁了,晚上要起夜两三次,出门到外边的厕所去。特别到天气转冷后,大家怕他感冒,于是想法弄一个瓦尿盆放屋里,但丁先生坚决不同意,怕影响大家。他晚上穿着毛衣睡觉,便于夜里起来到外边的厕所。直到调查结束,也没有外人知道丁先生的身份。房东、调查合作人以及村干部,都不知他是国内外知名的大学者,科学院的学部委员(院士)。自然,他的言教和身教使我们受到很大的教育,为我们树立了学习的榜样。

二 《河北方言词汇编》几万条是怎么调查编成的？

从1958年开始调查河北方言词汇，至今已过去半个多世纪了，回想往事令人感慨万千。1958年是一个"大跃进"的时代，当时各省成立了中国科学院分院。我于当年从北京大学语言专业毕业分配到中国科学院河北省分院，分院内成立了语言文学研究所。我到河北保定报到时，研究所也就我一个人。后来河北同天津合并，研究所很快从河北的省会迁到天津，但搞语言的仍然是我一个人。所里决定让我单枪匹马搞河北方言词汇调查。任务大、时间紧、人手缺，工作如何开展？我只好专程去北京大学请教袁家骅老师，方言学就是我在大学时袁先生把我引进门的。正好这时丁声树先生让我随他到昌黎学习调查方言，这次真正学习到不少书本上无法学到的东西，大致知道了如何开展方言词汇的普查。这段经历让我获益匪浅，终生难忘。

回到研究所后，我就如法炮制，略加调整调查昌黎方言的词表后就在河北省开展方言词汇调查。当时河北省分10个专区，151个县，干这项工作的还是我一个人，所以我只是这项工作的组织者，当时还不能蹲点调查。按那时的专区分10个片，每片按县设点调查。调查词汇从收集资料来说，好像没有语音调查的专业性那么强，人手不够可以借助社会力量。河北省教育厅很支持这项工作，负责具体工作的宁汝芳同志更是认真负责，因为这也是推广普通话的基础性工作。由教育厅发文，每县选择两名熟悉当地方言的语文老师，老年和中青年各一名。我就分别先后按专区分片开会培训。由于省教育厅和各地教育局支持，工作进展比较顺利。每片开两三天会，主要动员讲清调查方言词汇的意义，培训调查的方法，还有半天实习。就这样，全省启动会就花去了50多天时间。调查开始后，我的任务就是检查进度和质量，研究解答调查中的问题。这一年多时间我基本上在河北省的县里走动，到县里去与调查员共同调查。一年多后，所里分来两名师范毕业的大学生、一名高中生协助我整理资料。要把各地调查的材料汇总打印出来，在当时也是一件十分繁难的工作，所以临时又从各地借来了几名优秀的调查员一起工作。如束鹿辛集中学的靳荩忱、石家庄古月中学的齐杲昌、唐山车轴山中学的王建之以及檀伐云等同志，都被借到天津协助审订调查材料，最后由我通读定稿。这是河北人民出版社约定的项目，整理通读完后即送交出版社。

1961年，河北省又同天津市分家，河北人民出版社搬回保定，语文研究所留在天津，由天津市委宣传部主管，河北大学代管。1962年，我也因机构调整、工作需要调到天津师大教学。"三年困难"时期刚过，整风整社和"四清"等运动开始，既无人关心，也无人过问书稿出版的事。

1976年之后，旧事重提，我才去追查书稿的下落，但再也找不到《河北方言词汇编》原稿，也找不出谁来承担责任。当年的责编是康迈千同志，他也没有办法。原来留在研究所的一套底本，也在"文革"中被当作废纸处理了，只能徒唤奈何！好在天无绝人之路，因为该稿在定稿前曾打印过征求意见，经过多方搜求总算找出一些残篇断稿。遗憾的是，这些稿子同正式定稿并不完全相同，既不完整又非常粗糙。

后来朱星先生建议从中整理一些较完整的条目在《天津师大

学报》上发表，学报主编张虎刚同志十分支持。学报连载了三期后，引起了读者和有关方面的注意。这才再次启动搜寻原油印征求意见的初稿，争取恢复原始稿本的面目，但再也无法像从前那样找调查人员复查核对了。为了不让过去的大量劳动白费，虽然研究所的语言研究室早已不复存在，我也改行从事教学工作，但总觉得有义务和责任把它整理出来。于是一方面自己带着残稿到一些重点地区去调查、补充核对，另一方面邀请省内各地的一些友人和个别还有联系的原调查员帮助，断断续续经过3年多时间终于整理出一份新的《河北方言词汇编》稿件。出于友情，这段时间先后参加协助整理、补查、核对工作的主要有吴振清、王铁琨、石锋和王小龙等同志。他们在百忙中挤时间帮助我工作。

1983年，我调北京中国文改会（今国家语委）语言文字应用研究所。1984年，组织上又调我去语文出版社协助社长吕叔湘先生工作，自然不好在语文社出版自己的书。1986年，商务印书馆知道《河北方言词汇编》书稿后，希望由他们出版。鉴于该稿审读和排校的困难，出于友谊和责任感，当时商务负责人王维新同志主动担任责编，尽管他当时担负繁重的行政领导工作。经过数年努力，该书终于在1995年正式出版。

这本书历经曲折，融入了不少同志的辛劳。与此同时，还要特别感谢鼓励我并给我指导工作的几位老师。丁声树先生不仅教我如何调查方言词汇，还鼓励我即使一个人也要坚持到底。吕叔湘先生提出这个选题，中间也多次关心过问工作情况。李荣先生是《河北方言词汇编》第一位认真审读者，他很支持这项工作，但认为词条没有记音，其价值就大打折扣。他还说那篇"前言"写得不错，但你自己也会犯那样的错误。他的话非常中肯。我对他说，自己可能是乌鸦落在猪背上，只看见人家"黑"吧！那篇"前言"中批评别人的话只能当作"共勉"之词。朱星先生更是词汇调查自始至终的指导者，只可惜他和丁声树先生、袁家骅先生未见到本书出版就去世了。今天上述各位先生俱已先后归道山，谨对他们表示深深的怀念和敬意吧！

本书初版印数不多，近些年不断有人询问这本书。商务印书馆周洪波同志支持再版，责编刘一玲同志认真落实有关工作，教育部语文应用研究所谢俊英博士细心审读了原书，她和刘一玲同志发现了内容和印刷错误多处，现已——改正。谨向他们的支持和辛勤劳动表示感谢！

三　方言调查中的一些感受

（一）方言同整个民族语言一样，发展变化很快。往往老年人较保守，说话中旧的方言词就多一些，青年人容易接受新事物，无形中说话时就会用不少普通话的词。我调查河北方言时，就听到几句老年人和青年人很有意思的对话。有的词他们各用各的，但相互都可以听懂，这也是一种常态。

老年人问青年人：头十五你干什么去了？

青年人回答：上半月进城考学去了。

老年人又问：中没有中？

青年人回答：考上了。

这几句对话，反映了方言词在生活中逐渐变化的情况。1956年全国方言普查时，发现各地方言一般都有老派和新派的差异。新派向普通话靠近，老派则保留较多旧的方言特征。

（二）我们都知道现代汉语是从古代汉语演变发展来的，但却不一定注意到不少在普通话中已退出交际使用的古语词，还活生生地保存在方言中，成为方言中的活化石。比如成语"不速之客"中的速，古代是邀请、召请的意思，"不速之客"也就是不请自来的客人。古代这个意思，在河北方言口语中还保留着。如请客人来吃饭，到点了还未到，家里人会让人去催请，就会说"去速速"，即再去请一请。这样的词还可举出一些：

蚂蚁—蚍蜉　蟋蟀—促织　猫头鹰—鸱鸮

太阳—日头　天气—天道　流星—走星

我国著名语言学家罗常培先生说："金元戏曲中之方言俗语，今日流行于民间者尚多，惟理董无人，索解匪易。"（《金元戏曲考·序》）按照这个思路，开辟了不易理解的古代词语可以从方言中寻找解释的门径。如《西游记》第三十二回："那魔是几年之魔？怪是几年之怪？还是个把势，还是个雏儿？""把势"现在还用，所以好理解。但"雏儿"现在不用了，连一些大专家学者，也解释不好。实际上在方言中"雏儿"是指未经世面，没有经验的人，同"把势"是对称的。《西游记》中用的也正是这个意思。

（三）方言词还会不断产生。方言是地方话，产生于不同地区特殊的自然和社会环境。据我多年观察，旧方言词可能消失了，改用普通话的词了，但新方言词的产生是不可避免的。当年中央提出"两条腿走路的方针"，这类政治术语是不应有方言词的，但有的地方不说"腿"，把"腿"叫"脚"的方言区，就要说成"两只脚走路的方针"。有的方言硬要把"真人真事"叫"实人实事"，因为有搭配习惯的不同。这是一个很复杂的问题，三言两语说不清。从语言的本质上说："名称是什么呢？名称是用来区别的符号，是某种十分显明的标志，我们把它当作表明特征的代表，以便从对象的整体来设想对象。"（费尔巴哈）事物是复杂多面的，人们取名时观察特征角度不同，对它的"显明的标志"感受不同，都会叫出不同的名称来。如"甘薯"，河北就有"白薯""红薯""山芋""地瓜"等不同名称，天上的"流星"，就有"飞星""跑星""走星"等名称。即使人们的经济文化和生活条件等差异逐步缩小，但也很难完全消除。正如恩格斯所说："在各个国家、省份甚至各个地方之间，在生活条件方面总是要存在某种不平等，这种不平等将来可以减少到最低限度，但永远不可能完全消除，阿尔卑斯山居民与平原居民生活条件总是有所不同的。"这些差异都是产生方言词的诱因。

早年从事方言调查研究，有这么一点体会，写出来向大家求教。

往事情怀：李荣先生带我做田野调查

张振兴（中国社会科学院语言研究所）

1963年8月，我从厦门大学毕业直接分配到当时的中国科学院语言研究所，并且非常幸运地进入了方言研究组。但是研究组的椅子还没有坐热，就按照规定于同年10月到山东黄县（今龙口市）参加了一年的劳动实习锻炼。

1964年9月初，我们返回研究所。过了没几天我就接到通知，方言组的组长李荣先生将亲自带我到浙江温岭学习方言田野调查，同行的还有方言组另外一位年轻老师邱大任先生。这将是我到语言研究所以后第一次的方言田野调查，带着调查的还是著名语言学家李荣先生，我高兴极了！但是一到夜里细想，就感到十分惶恐不安，甚至有些惧怕。温岭在浙江省南部温州地区，是李荣先生的家乡，温岭话深浅不知几何，可是温州话之复杂艰难，在大学读书的时候多少是知道一些的，第一次的实地调查学习就碰上这么难懂的方言，怎么能够应付？关于李荣先生，我也只是在学校的时候读过他的几篇文章，知道有一部很有名的《切韵音系》而已，其实绝大部分是看不懂的；到了研究组以后也只是见过几次面，好像挺严肃冷峻的……

过了几天，我们一行三人到了温岭，住在县城的一个很简陋的招待所里。李先生住一间，邱大任先生和我就住在斜对面的房间。第二天早饭过后，一个40多岁的男人进到我们的房间，说他是李荣先生的发音人，现在来当我们的发音人。就这样我随着邱大任先生开始记录温岭话的《方言调查字表》。邱大任先生已经有一些实地调查的经验了，只见他听记都从容自若，而我却是紧张得手心出汗，经常需要反复听问之后才敢把一个字的音记下来。实在记错的时候，邱大任先生会轻轻地提醒我，这个元音的开口度是否应该大一点？这个声调是否是平的？中间李先生不时会过来看看我们，尤其是看看我的记音，但一般不发表意见，更不说记的内容是对是错。就这样过了两天，声韵调的例字算是都记完了，李先生才让我们先把大概的音系整理出来给他看看。记得是交了作业的第二天下午，李先生把我单独叫到他的房间，第一句话就问："怎么样？感觉如何？"我差点没哭出来："不好，都不会啊！"李先生没有怪我，而是难得露出笑容："咦！感到不会就对了，都会了还跟我出来做什么？"我逐渐放松了，告诉李先生，温岭话那一套浊音，听辨都很困难，单独的 [b] [d] 还好，要是碰到 [dz] 与 [z]，[dʐ] 与 [ʐ] 就更分不清了。于是李先生就把批改后的音系作业给我看，并且耐心地一一讲解。他说古浊音声母温岭话现在还是读浊音，"箱橱"的"橱"，"衣裳"的"裳"现在都读浊音，《字表》的一个好处是可以反映方言的古今对比，提醒你注意哪些字现在可能读浊音。最后又反复地让我跟着他练习那几个浊音：b—d—dz—dʐ—z—ʐ—。这样大概辅导了我整整一个下午。接着我又用一周多的时间记了全本的《方言调查字表》。李先生又用了一个下午的时间一边看着《字表》，一边教我记音时要特别注意什么，现在记得最清楚的是李先生说，记录《字表》不是记"字"的读音，要想办法让发音人尽量用跟这个"字"有关的事物和话语来说话，所以记音人和发音人都要做足记音前的准备工作。以上这些话当时我似懂非懂，真正理解那是等到我有了比较多的实地田野调查经历的时候，差不多是过了十几年以后的事情。

这样就过去了十来天，邱大任先生先回了北京。李先生对我说，你自己去青田县（也在浙南地区，离温岭大概三个多小时的车程），郑张尚芳正在那里调查方言，你再记一个青田的《方言调查字表》回来。都得是你独立记录，实在有困难的时候才可以找郑张尚芳帮忙。这也是我第一次认识郑张尚芳先生，他年纪比我大好几岁，一身粗布的中山装。当时他给我的印象是视力不好，非常勤奋、刻苦、俭省，偶尔我们一起在住处的食堂吃饭，他总是吃最便宜的饭菜。他帮我找了住处，还帮我找了发音人，就让我自己安排工作了。有时候我会用晚上的时间请教郑张先生一些记音上的难题，他总是很详细地给我讲解。一天晚饭以后，他还带我到街上走了走。那时的青田还没有柏油马路，一条沙土路的街道上，灯光错落，摆满了各式各样出售青田玉石的小摊儿，记得我用了不到两元钱，就买了两方个人图章石料。

我从青田再返回温岭的时候，李先生也结束了他在温岭的田野调查工作。他仔细看了我记录的青田《方言调查字表》，说了几个字音的错误，然后简单说了一句"有进步，慢慢来"，就没再说什么。记得当时我很忐忑，之后还老猜测这个话是什么意思。第二天上午，李先生带着我到了县城北部的泽国镇走了走，第三天又带我回到他的老家新河镇。新河镇在县城的东部，李先生的老家就在市镇旁边，是一所好几家同住的旧时大宅，门前有一条小河，一座石桥正对着宅院。吃饭的时候，李先生跟他的亲人说话，是另外一种非常放松的表情，有时还会开怀地大笑起来，跟平时严谨的大学者风度完全不一样。在回县城的路上，他问我能听懂多少他们说的话，我照实说大部分听不懂。他也只是简单说了一句："这就对了！"

记得从新河回县城的第三天，我们就起程回北京了，中间在杭州、南京做了停留，我也有机会第一次见到了久闻的杭州大学的傅国通先生，南京大学的施文涛、李景欣先生。这时候，我对李先生只是心存敬畏，并不"害怕"了，所以回京路上经常会跑到他的软座车厢或软卧车厢去跟他说说话。有一次看到他正在看《广韵》，他问我的漳平永福话"海堤"的"堤"怎么读？我说 [tʰei]，阳平调。他点了点头，好像是自言自语地说："这就对了，北京是端母字，漳平是定母字。"然后他又问我漳平用篾片做成的篾圈，声母是不是读 [kʰ]？我说是 [kʰau]，阴平调，他就先拿着《广韵》告诉我北京说"箍"，是见母模韵古胡切："以篾束物"，又拿出《集韵》告诉我漳平说"䈰"，是溪母模韵空胡切："篾也"。还有一次他见我去了，就拿出一张白纸来，记得上面写好了"寒、汗、猴、厚、后"，以及"狗、悬、咬、骹"共9字，让我说说漳平永福话的读音，然后他一一记录了下来。后来读到李先生《从现代方言论古群母有一、二、四等》（《中国语文》1965年第5期）一文，其中8个字的读音都用上了。再过十多年以后，我又有机会陪同李先生出差，总是见他《广韵》或《集韵》不离手边，经常拿一些方言条目来询问印证，才知道这是他一生的习惯。做学问如此专注，他成为方言音韵大家是终身勤奋铸造出来的！

回北京以后，本来以为可以顺势读点书，做点调查研究工作了，但没过几天，又通知让我参加工作团，到山东海阳进行"社教"工作。再次回到李荣先生身边，有机会随时听从他的教诲，已经是 20 世纪 70 年代后期全面恢复学术研究工作之后，此时我已开始步入中年，李先生已是老年了。但李先生带我第一次做田野调查的往事，虽已过去 50 多年了，我至今历历在目。有时想念李先生的时候，就似乎又听到空中荡漾着他那尖嗓清脆的声音：b—d—dz—dz̨—z—z̨—，于是我便不能自禁，眼眶又潮湿了！

上阵"父女"兵

王洪君（北京大学）

我是1983年本科毕业前考取徐通锵老师的硕士生的。那年徐老师还是副教授，刚刚取得硕士生导师的资格，我有幸成为他的"开门弟子"。按北大那几届学生的习惯，我一直称他"徐老师"，1949年前任教的老先生才叫"先生"。

不知不觉三个学期过去了。有一天徐老师告诉我，他从系里申请到一笔钱（那时还没有国家或省部级的基金），准备选择一两个汉语方言解剖一下"麻雀"，看看汉语方言的变异和语音演变的类型到底有什么样的关系，激发不同语音演变类型的条件或原因是什么。他问我愿不愿意同去，顺便也为硕士论文收集材料。我当然愿意！

徐老师请教了侯精一老师，汉语哪些方言的变异情况最为特殊。侯老师推荐了两种方言，一是徽州方言，一是山西晋南地区的闻喜方言。这两种方言都是音系比较简单，但与中古音的对应异常复杂。侯老师说，桥本万太郎曾经调查过闻喜方言，他曾调查过的其他方言或语言的材料后来都发表了，唯独闻喜的没有发表，看来是被难住了。徐老师问我选择徽州还是闻喜，我毫不犹豫地说："闻喜！"因为我在山西插队七年半，做徒工三年半，虽然是在方言相对简单的雁北地区，但对山西各地的词汇和语音都还比较熟悉。而徐老师也是对山西更熟悉，之前已经调查过两次了。除闻喜外，徐老师又增加了他曾调查过的晋中地区的祁县点,他说祁县方言的特点是音系复杂,小区域内方言差异细密,相隔几里就不同音,与闻喜完全不同。

离开北京后,我们先在太原温端政老师那里歇脚一天,他派当时还很年轻的助手张光明先去闻喜给我们打前站。4月12日上午10点20分坐火车到达闻喜,居然有两辆小汽车接站!县志办主任、县政府办公室主任都来了。那时北大的教授在地方上可真受尊敬。住的地方记不清了,不知是县政府招待所还是宾馆,反正是两三层高的一幢楼,服务员挺多的,但没有洗澡设备。我住的是四人一间的屋子,但通常只有两三个人,从来没有住满过。一个屋只有一个脸盆。徐老师住楼梯的另一侧,好像是两人一间的,包下来一人住,兼做记音工作间。闻喜当时只有一条街,街旁尽是棚搭的小摊儿,跟北京自由市场似的,遇到"赶集"的日子,卖东西的摊儿更多。小摊儿后面是正式的铺面,国营或私营的店铺都有,东西挺全的。只是,县城里仅有一个澡堂,那天还贴着告示:"今日男同志洗澡。""女同志呢?"我们由不住地奇怪,答曰:"昨天洗过了。"再问:"下次什么时候?"答曰:"下星期五。"原来女同志一个星期只有一次洗澡时间!又一细问,是大池子式澡堂,于是我们都放弃了洗澡的打算。

闻喜真是个很富足的地方,我们的伙食是每人1.5元钱一天,十人一桌开饭。饭菜丰富可口,早餐有各种中式主食和五六种小菜,午餐、晚餐都是八菜一汤,有荤有素。前两天,每餐县里都派人来陪我们,三四个人吃十人一桌的饭。徐老师觉得太浪费,坚决要求不再陪同,我们跟一般来客一样凑十人一桌吃。闻喜的干部都很灵活,恭敬不如从命,就按徐老师说的办了。

闻喜干部的办事效率很高,县志办很快就给我们找了三位发音人，徐老师听了听，确定了两位：城西郊地区几个小学的联校校长王安清、城里文化馆的陈可喜，两人当时都接近60岁。王校长很健谈，反应很快；陈馆员则老实忠厚，很严谨。我们第三天（15日）就开始记音了。开始跟北大方言实习队的程序完全相同：字表前三面→整理音系→所有字表→同音字表→核对→变调表→整理变调规则→词汇表。工作十分紧张，白天记音，晚饭后散散步或串个门后就得赶紧整理音系，核对白天的记音和抄写后一程序用的各种表格，每天工作10多个小时。40天应该至少有五六个星期日，可我们只去过一次裴柏村的裴公祠，闻喜周边的许多文物点都没去成。我喜欢考古文物，没去成很是遗憾，徐老师也觉得挺过意不去的。

　　王校长很活泼，对我们的记音很感兴趣，常常让我们按所记的符号再发一遍给他听听像不像。许多音我发的还可以，得到他的称赞，但闻喜特有的［pf］声母，我怎么学他总说不像；于是他又转问徐老师，听徐老师的发者后，他说发得很像并感慨："到底还是老师强！"

　　记词汇时发现闻喜有儿化，还有加［u］的Z变韵！真没想到，以前发表的方言材料只有河南获嘉等地提到了这种变韵。闻喜这种变韵是长音节，长度介乎单双音节之间，许多长韵的音值很怪。晚上整理记音时，徐老师征求我的意见该用什么音标符号，我一筹莫展，回答说听不出来，你定吧。他大为光火，认为我不认真。我向他解释，我听细致的音质区别的确不行，不是不认真。他读了几个音标试了试我，相信了。但他并不就此了结，而是从此在晚上增加了一个项目，他读宁波话的字，让我记音。经过几天的训练，我记宁波话大有进步。王校长也很有兴趣，让徐老师说句宁波话看看我能否知道是什么意思。徐老师说了四个音节 vɤŋ²¹³ di⁵ vɐʔ²³ dou²¹³。我张口就说"坟地斧头",心里也在奇怪,好像不成个意思?徐老师笑着说:"还好,就是有个别字的声母清浊和韵母错了。"原来,他说的是"问题勿大"!

通过两个主要发音人的记音和整理,我们已经很清楚闻喜方言的特点在于文白异读异常复杂,声母、韵母、声调都有文白异读,而且有的声韵调是白读少、文读多,有的则是文读、白读的多少差不多,还有的是文读少、白读多。在记两个主要发音人的音时,徐老师就要求县志办再在闻喜四乡和东乡的横水镇各找一个发音人来,收集县内小方言的差异。我还疑惑,记这么多人要多少时间,我们的字表也不够呀。原来四乡的发音人我们只记前三面,得出他们的音系与城里的差别,然后只集中调查有文白异读的项目——全浊声母字是否送气、是去声还是阳平(如"地"与"帝"同音,还是与"剃"或"题"同音),唇音声母细音字入舌尖音(如"皮"与"题"同音),宕果合流、曾臻深通合流、梗入阴声的情况,等等,另外还准备了Z变词表。那时还没有复印机什么的,所有这些字词都要在晚上用手工一个一个地摘到白纸上,提前做好准备,这样每个发音人就只需要一至两天的时间。每天晚上还要赶紧整理出他们的音系和主要特点,各写一个小的调查报告,徐老师说这样才能及时发现记音中的问题,第二天好补充提问,否则,发音人一回去就不好核对了。后来徐老师又安排调查了城里的一个40多岁的中年人、一个19岁的女孩儿、一位70多岁的老年人和两个14岁的学生。

总的来说,闻喜调查十分顺利。我们每天晚饭后散步,边走边聊。记得一次他说:"你不是学昆曲吗,唱唱看。"我唱了一段,几乎没什么昆曲味儿。他说他喜欢京剧,然后很认真地说:"你给我唱了,我也得回报,给你唱段《空城计》吧。"他唱得也不怎么样,比我后来听过的甘世福、裘锡圭先生差很远。但他确实喜欢京剧,看电视经常看戏曲频道。我小时候喜欢打乒乓球,大学之后喜欢看足球;而他是年轻时喜欢打篮球,老了爱看的还是篮球。当然,他最关心的还是时事,最爱看的还是时事评论、历史剧、军事节目。彼此了解多了,关系也越来越融洽了。有个发音人曾问,你们是父女吧,长得挺像的。我们大笑开怀,乐不可支。

5月20日坐夜间火车回到太原,温老师将我们安排在条件很好的63军招待所休整了几天。在这几天中,我们把闻喜调查的各项小报告总结为一个全面的近7000字的总报告,还把各项调查资料分别整理,做了目录放在两个资料袋中,满满的,看着很有成就感。

注:本文摘自《求索者——徐通锵先生纪念文集》中《徐老师指导我做硕士论文》一文的前半部分。

儿童是一块磁石

李宇明（北京语言大学）

《人生初年》是一部人类个体早期行为的科学观察日志，观察记录了我的女儿冬冬零到六岁半的语言发展；除语言发展之外，还观察记录了她的生活、行为及心理活动等。

本书主要采用自然观察法，逐日观察冬冬的新进展。同时，也常在生活中穿插一些小实验。如某文献说，5岁儿童可以回答"五个W"的问题，即What（何事）、Who（何人）、When（何时）、Where（何地）、Why（何故）。我们准备对冬冬进行五个W的实验，同时还要加上一个H（How，怎么，如何）。此实验可以叫作"五W一H"实验，其实也可以叫作"六何"实验。

爸爸："你吃西瓜了没有？"（何事）

冬冬："吃了。"

爸爸："什么时候吃的？"（何时）

冬冬："今天。"

爸爸："和谁一起吃的？"（何人）

冬冬："冬冬、妈妈、爸爸。"

爸爸："在哪儿吃的？"（何地）

冬冬："在屋里。"

爸爸："怎么吃的？"（如何）

冬冬双手往嘴巴上一捂，模仿吃西瓜吐瓜子的样子："噗，吐个子。"

爸爸:"为什么要吃西瓜?"(何故)

冬冬:"我肚子饿了,我吃西瓜。"

爸爸:"你吃什么呀?"

冬冬大笑:"我吃大黄鹤楼,吃甜瓜,吃西瓜。"

爸爸连续发问,冬冬觉得是在做语言游戏。到后来,她就云山雾罩地说起来。(1987/6/21)

冬冬还不到两岁半,就基本可以回答"五W一H"的问题。五个W,亦即新闻的五要素,能回答五个W的问题,就具备了描写一个事件的能力。

记录以笔录为主,先把观察到的语言、行为即时记录在卡片上。当天将卡片收集起来,并尽量及时地整理、转录到专门的笔记本——冬冬日记上。笔录之外,也常进行录音。录音尽早转写,核对之后,亦抄录到冬冬日记上。

冬冬日记的记录者是我们的家族团队:我的妻子白丰兰女士是主要成员。她早在生育冬冬之前就患上了类风湿关节炎,久卧病榻,生活不能自理。这自然是人生悲剧,但也正因她的长年患病,才得以有较多的时间陪伴孩子,有较多的时间整理卡片,转录观察材料。这是她生活的一部分,准确地说,是她生命的一部分。没有她的倾力付出,难以有今天的冬冬日记。我妻子的侄女白林鹤和我的大妹妹李辉,先后来家长时间帮助料理家务,她们自然也都成了重要的观察者和记录者。记得当时家里到处都是铅笔和纸片,一听到冬冬说话,人们就如得"圣旨"、如获至宝,抓起铅笔就记下来。在外面听到冬冬说话,不便记录,需要反复念诵,生怕遗忘或误记,回到家也马上记到卡片上。后来,大家都练就了"过耳不忘"的功夫。甚至我的父母、小妹也都是热心观察员,当他们与冬冬在一起的时候,也会关注冬冬的话语,帮助收集语料。

本书所记,是我们家族同心协力、持之以恒的结果。事实上,除了我们夫妇之外,他们并不真切知道记录这些材料的意义,能够坚持下来,是亲情的力量和对我的信赖;而我们夫妇也是出于一种学术"信仰":科学观察的资料总是有用的。然而,究竟能否起作用,能起多大作用,心中并无定数。

儿童语言资料搜集不易,全世界长期个案跟踪获取的儿童语言资料,屈指可数。像我们这样,对一个儿童的语言发展追踪观察2300余天的,尚无先例。我当年曾经利用这些资料,做过一些研究,但利用率可以说是"九牛一毛"。后来,因工作变动,科研精力转移,这批资料也就被束之高阁了。然而,我们也常思虑着如何将其公之于世,友人也常鼓动甚至是怂恿,应让这一宝贵资料为学界、为社会所共享。

2005年3月,我夫人双膝做了人工关节置换手术,经过年余恢复,身体状况大有好转。这是一个契机。2006年11月,夫人作为主力,开始动工整理这些资料。这一动工,谁承想竟然用了11年的时间。原稿篇幅为11本22开的笔记本,近百万字。多人字迹,或工楷,或潦草。先请王辉、邹海清、于辉、李英姿、苏小妹、王春辉、尹洪波、王玲玲、何瑞等我的学生们,把原稿分头录入电脑,形成电子文本,逐字逐句核实后,形成二稿。之后又断断续续修改、订正,包括专门校正国际音标、每个记录单元添加小标题等。2014年商务印书馆同意出版,给了我们完成任务的新动力和新压力。此书前后共计11稿,2017年11月底最后定稿。

整理的基本原则是"存真"。真实是科学观察材料的本质属性。本书除了对一些方言词语、儿语、民谣民俗等做必要的解释，对一些重要的或有趣的现象做必要的点评之外，基本上都采取白描纪实的手法，尽量做到"真实再现"。我们虽然是冬冬的监护人，还是书中最常出现的人物，但是时时提醒自己："我们只是记录者！"

整理冬冬日记，我们就像"重养"了一遍孩子。不知不觉中，她会笑了，会发出"咿咿呀呀"的音串了，会与成人咿呀交流了，能听懂几个词了，会走路了，会说话了，会与玩具聊天了，会问各种奇妙的问题了，会提各种要求了，会评价自己与他人了，会强词夺理了，会耍小花招了，有幽默感了……阅读着她一点一滴的进步，分析着她语言行为的机理，常因她的各种趣事趣语而忍俊不禁，也时时反省当年教育的得与失。人在五六十岁的时候，还能再"重养"一遍孩子，反复地、理智地重温当年，是人生难得的一大福分，也是我们能耐得住性子、一丝不苟、一件事情能做 11 年的原因所在。

我常赞叹：儿童都是天才。他为何能如此迅速地学会一门语言（一般都是母语），由不会说话到能言善辩，会做"诗歌"、会编故事？而成年人，有着优厚的学习条件，有掌握一门语言的经历，有多方面的知识和经验，但其第二语言学习的质量与效率都远不及儿童。有学者感叹，儿童是"上帝"专门制造的学习语言的"小机器"！是的，然又岂止如此。据说儿童期是一生中智力发展最快的时期，儿童是如何发展他的认知、思维和情感的呢？儿童有一颗"赤子之心"，善良、真诚、坦率这些优秀品质，在成年人那里则逐渐丢失或是变质！我们不能只秉持"成人优越论"，更不能有"成人沙文主义"，儿童在许多方面都是成人的榜样，我们应该放下身段，"向儿童学习"。

　　我是一名语言学工作者，观察并解释冬冬的语言发展，是我在记录冬冬日记、本次整理冬冬日记时的"本能"。然而，在冬冬3岁左右时，我就感到传统语法学框架的软弱，缺少预见性，缺乏解释力。此后的发展，可以看作是语法"构式"的发展，需要从构式语法的角度去观察和解释。然而到了4岁之后，现有的语法学，似乎已无法描写冬冬的语言发展，我似乎也不知该观察哪些语言现象了。现有的语法学是静态的，主要来自书面语；儿童语言发展是动态的，是口语，以之描写儿童语言发展，自然捉襟见肘。由此而思，我们需要一个更为强大的语法体系，这一语法体系，不仅可以描写和解释成人的语言，也可以描写和解释儿童的语言发展，甚至还可以描写和解释老年人的语言衰退。应把人一生的语言行为，纳入语言学研究的视野。

　　儿童语言智慧的发展，乃至整个智慧的发展，应是语言之力。语言就是一个"智慧管"，成人的知识与经验，由此管道源源不断输入给儿童；成人的指教，由此管道及时输送给儿童，并不时在成人与儿童间反馈、调整。其实，语言不仅只是个"智慧管"，它本身还是一方能量巨大的"智慧块"，人类的进化成果，比如认知方式、知识架构方式、词汇库及话语表达方式等，都贮存在这一智慧块中。儿童汲取着它的能量，逐渐掌握语言及与之相应的知识与智慧。儿童掌握了母语，便能达到大致相似的智慧水平，并凭借它去获取更多的智慧。书面语，应该是一个能量更大的"智慧块"，掌握了书面语的青少年，其智慧一下子就能达到当代人的水平。就语言与认知的本源看，认知促进语言的发展；而就人类个体的早期发展看，也许是语言带动认知的发展。

最有国际友谊意义的一次方言调查经历

史皓元（美国新泽西州立罗格斯大学）

多年来在田野考察方言，最令我感动和难忘的经历就是在江苏省泰兴市的一次方言调查。那时是 2004 年 7 月下旬，我为"汉语方言地图集"（曹志耘主持）的研究项目在江苏省南部工作，如皋的方言点调查完了以后，就去了泰兴市开始找符合项目要求的方言发音合作人。因为不知道从哪儿找人，同时也想让当地的政府了解我在泰兴活动的目的，我就决定先去泰兴市民政局找一找负责文化方面的人打听一下。我向他们介绍了我的学术背景和该项目的任务，他们很支持，也很乐意协助。经过讨论，民政局有一个人想了想，说她知道一个人，可能是非常合适的发音人，就在泰兴镇北边，他是根思乡里杨根思纪念馆的一个管理员，但是不知道他们愿意不愿意跟我合作。为什么有可能不愿意呢？那是有历史原因的。

杨根思纪念馆位于根思村，这个村庄原名叫"杨货郎店"，改名的理由是为了纪念杨根思（1922—1950）。杨根思是朝鲜战争的英雄，是中国人民解放军全国战斗英雄和中国人民志愿军特级战斗英雄。朝鲜战争时，即 1950 年 11 月 29 日，杨根思为了切断联合国部队的退路抱着炸药冲向联合国部队，炸断了他们的退路，但同时牺牲了自己的生命，和联合国部队士兵同归于尽。

朝鲜战争发生在 1950 年至 1953 年之间，也就是我出生前几年。那个时候第二次世界大战结束才 5 年多，是国际局势非常紧张的时期。而且不幸的是，中国和美国当时被卷入了这场朝鲜内战的敌对状态。美国是联合国部队的主要成员，而中国则支持朝鲜。第二次世界大战时，中国和美国本是盟友国家，但这个情况造成了两国之间的紧张关系，两国的士兵变成战场上对立的两边。

当此冲突已结束整整半个世纪以后的2004年，我有机会去根思村调查当地方言的时候，1950年的那种紧张关系在杨根思纪念馆的工作人员心中仍然记忆犹新。这也难怪，因为杨根思纪念馆的任务就是为了让大家牢记这位烈士在20世纪50年代殉死的原因。然而我有机会与他们一起工作的时候，作为一名美国人，我代表的却是这位烈士的敌人。

因此，当我第一次访问杨根思纪念馆，跟那位管理员讨论是否适合作为发音合作人时，心里也不确定我和他是否能够一起工作？甚至想象工作气氛会不会弥漫着一种冷冰冰的怀疑和不信任的感觉？

当两个民族有隔阂的时候，长久不交流，容易导致相互不了解，排斥异己。但是一旦人们在和平的环境中走到一起时，友谊往往会超越时间和空间上的距离，使得两方能够克服各种怀疑和冲突。

所以，那天见到纪念馆的管理员时，我努力地想办法消除他们的疑虑，告诉他们我认为纪念馆展出的朝鲜战事属于过去，美国和中国目前关系发展得非常友好，两个国家合作广泛。我解释说我是和平主义者，但是我也非常尊重英雄，也尊重杨根思的那种理想、气概和精神。我告诉他们，除了记录当地方言发音和词语的目标以外，我只希望促进我们之间的友谊和相互理解。就在我们这样的交谈中、彼此的微笑中，国际友谊和共同的志趣占了上风，他们同意跟我合作了。

那天我们没有开始方言调查工作，但约好第二天一早见面。第二天早上当我到达时，他们已为我准备了一张小桌子和一杯好茶。夏季炎热的天气在 7 月下旬达到了顶峰，纪念馆没有空调，但是我们能够在凉爽的门口走廊里工作。发音合作人和我马上开始工作，我很快意识到他是一个理想的合作者，地方话说得很清楚，很准，又很有信心。如此一来，工作进行得相当顺利，既轻松又踏实。

我也感到根思村的方言特别有意思，且具有我在其他地方的田野工作中尚未遇到的特征。按着《汉语方言地图集调查手册》逐项记录当地方言形式的过程中，我们还有机会在短暂的休息时间以及在中午分享简单的午餐时聊天，更好地了解对方。

我们就这样进行了两天的合作。方言调查，内容烦琐、细节又多又复杂，工作进行时容易疲倦，极其需要耐心和细致的精神，不过鲜活方言的工作内容主要集中在平凡生活的语言上，而且往往是日常生活中使用的词语。正因为如此，那两天我和发音人谈到的也全都是日常生活中的事情，例如家庭关系、各种普通的事物、食物、一般人体的部位和动作等。通过这样的谈话和工作内容，发音人和我发现了我们的共同点，了解了我们共享的人性。

发音合作人和我，工作精力主要集中在实地的方言记录任务上，工作进行时也互相尊重，两个人为了完成任务，都尽自己所能一块付出了艰苦的努力。最后终于达到了我们的目标，扎实而准确地记录了根思村的方言，取得了很好的成果。

就在我们围绕着根思村方言语音和词汇的愉快谈话和交流中，之前的怀疑和不信任全都彻底化解了，毫无残留。留下来的只有牢固的友谊和相互理解。我们发现，我们是有很多共同点的，我们对和平和美好的生活抱有同样的希望。

总之，简单的方言研究活动也在巩固美国和中国两国之间的国际友谊，在人类和平方面迈出了自己重要而真实的步伐。那两天的经历，是我非常珍惜的经历，希望那一次调查工作中建立的友好关系能够一直持续到未来。

赤道悲情

罗福腾（新加坡社会科学大学）

对于习惯调查北方方言的我，能有机会身处通行闽、粤、客方言的南洋地区，记录一直渴望的某个方言点的语音、词汇和语法，也算是为海外华人的汉语或者方言记录、保护尽一份绵薄之力。期许了很久，终于有了一个机缘。

应雅加达华文报《印华日报》主编李卓辉先生的邀请和安排，2015年我有机会到印度尼西亚的加里曼丹岛西部的省份西加里曼丹省（West Kalimantan，当地华人称"西加省"）首府坤甸（Pontianak；Khuntien），做短期的客家话田野采风。

坤甸位于赤道线上，与新加坡隔海相望，但是两地没有直航班机。6月25日早上，乘坐印度尼西亚嘉鲁达航空GA825航班，取道雅加达，转飞坤甸。第一次来到号称"亚洲的绿肺"的加里曼丹岛，第一次来到穿越赤道线的坤甸，第一次做南洋客家话的实地调查，我满怀激动、好奇和期待。

承蒙西加孔教总会的接待，得见当地多位华人同胞。可是，面对的第一个困难就把我的热情浇灭了不少。跟几位年纪相仿的客家同胞交流，他们只会客家话和印尼语，不会说普通话，更不认识汉字。自然，沟通起来很不得劲，几乎是鸡同鸭讲。面对调查使用的单字音表、词汇表，困难就更多了。这远远超出了我的预料。加上我本人又不谙客家话，工作遇到很大困难。直到年过古稀的李先生的出现，才算解除了我的燃眉之急。

合作伙伴李先生祖父母辈从梅县大埔南来西加谋生，他是第三代移民了。从他的介绍中，得知西加省有两大华人聚居的城市，一是省府所在地坤甸，市区人口60万，华人占了30%左右，其他族群有马来族、达雅族等。二是北邻的山口洋（Singkawang），不到30万人，华人占当地人口的60%以上。西加聚居的华人，主要流行客家话和潮州话。而客家话里又分梅县口音和陆丰口音。李先生的客家话属于梅县口音系统。随着交流的深入，也才逐渐察觉到，当地的华人同胞时常处于恐惧、不安的焦虑之中。一方面是因为历史上多次发生的排华暴乱给华人留下的挥之不去的阴影，另一方面也是华族地位受到歧视、华族文化不彰所带来的无奈。以前，只是在新闻里听说过印尼排华、反华的事件，如今，置身现场，即使过去了很多年，还是能感受到华族同胞内心积蓄已久的生存焦虑、身份焦虑和文化焦虑，也难怪李先生第一次见面说的第一句话竟然是："我们很惨呢！"

说起当地华人的"悲惨"历史，李先生不禁泪洒案前。李先生小的时候，还曾进入当地华人开办的华文学校，接受基础的华文教育。后来，1965年至1975年，西加省发生了一系列的排华、反华的暴乱，很多华人精英为躲避暴乱只好远走他乡谋生。再加上当时的华人在印度尼西亚没有国籍身份，仍然以中国侨民的身份寄居，自然生活在种族纠纷和政治纷争的夹缝之中。因此，从20世纪60年代至90年代出生的华族年轻人，只能进入当地官办学校念书，无缘接触华文，最终落得只会说华族方言，而不会说普通话，更不认识汉字的境地。更有甚者，在苏哈托（Suharto，1921—2008）执政的30多年间（1965—1998），华人的姓名都必须印尼化。例如，陈姓，原本来自闽南话区拼写为

Tan，来自粤语区拼写为 Chan，来自客家话区拼写为 Chin，印尼化之后，变成了 Tantama, Tanujaya, Tandjung 等多种拼写。雅加达前特区首长钟万学先生（客家人），以印尼名字 Basuki Tjahaja Purnama 行于世，完全看不出华人的特点。偶尔有华族家庭，为了延续华人的文化之脉，冒着被当局抓走的风险，在家里偷偷地教导后代学习华语，认读汉字，掌握华语华文。这些种族和文化打压的情况，直到 20 世纪 90 年代末，瓦希德总统（Abdurrahman Wahid）上台之后，实行宗教和种族和解，才渐有好转，华文教育才露出一线生机。

看，自己的子弟要学民族语言文字，都需要在家里偷偷地进行。这一事实，给我带来了莫大的震撼。学说自己的母语，难道不是人类最自然、最天经地义的事情吗？学习和传承自己的母族文化，难道不是每个人与生俱来的权利和义务吗？是的，在多数国家和地区，这种权利和义务是天经地义的，没有任何争议的，在宪法里也会得到确认和保护。然而，在有的地方，这份权利可能就会被限制，被剥夺。这是何等悲惨的现实？坦率说，从大学毕业以来，我跑过很多地方搞语言调查，从来没有一次像到坤甸这般沉重，这般充满民族悲情！

华人移民加里曼丹岛已经有数百年的历史了。客家人到西加省拓荒垦殖，也有两三百年的时间了。那一天，李先生突然问我，你知道你本家罗芳伯的故事吗？你听说过"兰芳共和国"的事情吗？一直以来，自己常常抱怨罗家先祖名人稀少，除了罗荣桓、罗香林以及文学作品虚拟的隋唐第七条好汉罗成，就鲜少有值得炫耀的名人了。如今听到罗芳伯的故事，还有建立的共和国，本能地打起精神来。原来，在清朝中期，广东嘉应州人罗芳伯（1738—1795）曾经在西婆罗洲，带领客家人开金矿，成立公司，建立军队，创办学校，并以东万律（Mandor）为首府，组建兰芳公司（罗香林称之为兰芳大总制共和国，约在1777—1884年），存续一百多年，名震四方。踏进先祖罗芳伯庙，跪拜在先祖的圣像前，恭恭敬敬地上香、叩头，默念祖先的丰功伟绩，祈求华人再也不要遭受排华暴乱之苦。

坤甸之行，感触良多！不仅让我了解到海外的田野调查会遇到很多意想不到的挑战，需要做好各方面的准备，更重要的是促使我思考一个问题：语言调查工作者，是只关注语言事实本身，还是语言和文化要并重？一周之后，我飞离坤甸。俯瞰赤道大地，郁郁葱葱，生机盎然，心中不禁想，将来有机会的话，我一定重返加里曼丹岛，毕竟这里有我一百多万华族血脉在奔流！

普米情深

蒋颖（中央民族大学）

自 2007 年开始着手了解、研究普米语以来，我与可爱的普米族同胞就结下了不解之缘。随着时间的推移，热情爽朗的和玉庭大哥，明快能干的鹿顺花嫂子，秀外慧中的和秀琴妹子，诚挚助人的和善全大叔，敦厚严谨的和跃根三叔，温善可亲的班让阿珍大姐，勤劳淳朴的和永妹妹子，先后出现在身边，并渐渐成为我熟悉的普米族朋友。

我的普米语记音工作最早始于和玉庭、鹿顺花夫妇。他们夫妇俩都是云南省怒江州兰坪白族普米族自治县河西乡的普米族，多年前就在北京工作、打拼。在导师戴庆厦先生的建议下，2007 年我准备开始研究普米语。当时和大哥在中国唱片公司工作，大女儿还不满 3 岁，二女儿只有几个月大，但联系上他之后，他很爽快地接受了我的邀请——从他每周末两天的休息日里挤出一天来跟我一起工作，记录、整理普米语音系、词汇、句子和故事。嫂子鹿顺花一个人在家照顾两个年幼的孩子，还要操持全家的家务。我向和大哥表示感谢，向来豪爽的他却略有点腼腆地笑着对我说，研究普米语是普米族同胞人人欢迎的大好事，他非常愿意为本民族的语言文化事业做点事情。

这是我第一次感受到普米人对自己语言、文化的热爱。在后来的调研中，我更是从一位位热情好客的普米人身上，从河西乡大羊村的普米文化大观园里，从县城的普米族博物馆里，从普米人自己编写的民族语言文化研究著作中,看到并感受到了这份对自己民族、对自己母语的深深热爱和无限眷恋。

从2008年开始,我多次前往兰坪县进行普米语调研。在此期间,渐渐与发音人和跃根先生(我按他的年纪和兄弟排行,称他"三叔")熟识,开始了与他的长期合作。兰坪普米语的一些元音和辅音很有特点,区别细微,对非母语人而言,听感上对它们的区分并不敏感,记音之初难免会出现问题。三叔为人敦厚而严谨,他每次讲述句子、故事时,我就用国际音标逐一转写,转写完之后,再一句句重新念给他听。他每次都听得很认真,句中不管是出现了混淆前 [a] 与后 [ɑ] 的问题,还是误将小舌音 [q] 记成了舌根音 [k],他都能一下子听出来,并不厌其烦地一一指出来,方便我更正。在他的严格把关之下,我很顺利地渡过了记音初期的"准确性"难关。

三叔的父亲是兰坪县河西乡大羊村的巫师,在他的影响下,三叔也对普米族传统文化有所研究,并掌握了祭三脚、给羊子、祭山神等多种传统典礼的祭词和礼仪。我在兰坪期间,也曾遇到过几次别人来请他去帮忙操办婚丧嫁娶之事,三叔也总是能帮就帮。他经常很惋惜地对我说,现在的普米族年轻娃娃绝大多数已经完全不会老一辈的这些祭词、礼仪了,有些人不仅不会说,甚至听都听不懂了。他失落、遗憾的表情,至今还深深地印在我的脑海里,当时就使我有了记录下三叔祭三脚和给羊子祭词的想法。

因此,虽然祭词掺杂有一些古语词的成分,有些语句不太好理解,内容上也有一些涉及历史迁徙路线、各类神仙名称等,但我仍然在《大羊普米语参考语法》一书的长篇语料里,完整地记录了三叔所掌握的祭三脚和给羊子祭词。祭三脚是普米族的一个常见的祭祀活动，在每年过年的时候，还有操办婚丧嫁娶的时候，举行得尤为隆重。通过丰盛的祭品、长篇的祭词，承载祭祀者的美好愿望，祈求山神和祖先的保佑。给羊子祭词是办丧葬仪式时念诵的指路经，通过给亡魂指引本家族的迁徙路线，祝祷逝者平安回归祖先的来处。当地也有普米族知识分子想要记录这些祭词，但苦于未受过专门的语言学训练，不会使用国际音标，因此，只好用汉字来记录，但汉语音系与普米语音系相差甚大，记录出来的材料与实际读音通常也相去甚远，难以使用。当我转写完祭三脚和给羊子祭词之后，合作以来几乎没有提过任何要求的三叔忽然跟我说，回北京后能不能打印一份祭词寄给他。我当然同意了三叔的要求。回京后，我把我们在兰坪期间的合影，还有几篇完整的祭词语料，都冲洗、打印好给他寄了过去。几天后，三叔来电说都收到了，他很高兴普米族这些传统的文化还能这么准确地保存下来。

时间很快来到了2017年，不知不觉间跟三叔的合作已有八年了。借着中国语言资源保护工程（简称"语保工程"）的东风，我请三叔到北京来工作了一段时间，并在工作的间隙，请这位可亲可敬的普米族老人第一次登上了长城，走进了天安门城楼，参观了故宫博物院，游览了颐和园、圆明园等昔日的皇家胜地。夜游长安街时，灯火辉煌的长街上，老人家笑得眼睛眯成了一条线。他说，亲身感受到生活越来越好，亲眼看到国家越来越强大，自己非常幸福。这位普米族文化传承人在这一刻的笑脸，悄悄地融入了北京城。

我的仡佬情缘

何彦诚（广西师范大学）

仡佬族是中国的一个古老民族，有着悠久的历史文化。2000多年前，西南地区曾有一个叫"夜郎"的强国，成语"夜郎自大"就来源于此。故事说夜郎国的国王认为其疆域比当时汉朝皇帝的国土还要大。后来夜郎国衰落了，而今居住在黔、桂、滇三省区的仡佬族被认为是夜郎国的后裔。如今绝大多数仡佬族已转用汉语，仅有五六千人还在使用他们的民族语，这使仡佬语成为目前国内濒危程度最严重的几种语言之一。

第一次接触到仡佬语还是十多年前的2006年5月，当时导师李锦芳教授主持申请的国际濒危语言记录项目——伦敦大学亚非学院重大招标项目"中国西南仡佬语方言记录研究"刚获立项。适逢五一小长假，李老师便带领我们几个研究生去贵州做前期调研。

调查点为贵州省安顺市镇宁县丁旗镇比贡村和平坝县高峰镇大狗场村两个仡佬族村寨。比贡村的仡佬语咨询人是潘其武先生，他帮助我们记录仡佬族的历史文化、故事和濒临消失的仡佬语祭祀辞。潘先生幽默风趣，性格直爽，一来就给我起了仡佬语名字"$ʔa^{33}ma^{55}hau^{13}$"，意为大小伙子阿何，平时交谈也喜欢跟我说仡佬语，早上起来第一句便用仡佬语问我："大小伙子阿何，我要去屙屎了，你去吗？"刚开始我还真有点不自然，后来混熟了这反而成了我们之间最为默契的问候语。与潘先生相处的短短几日，无意中开启了我与仡佬语和仡佬族人民的永久情缘。

几天后我们来到大狗场村调研。村里的何在仁、涂应兰、何厚启、王良凤、王良英、杨光芬、李发芝、何在智、何厚鹏等乡亲无比热情和耐心，一字一句教我们仡佬语，讲述仡佬族的历史故事和风土人情，给我们唱始祖歌、尝新歌、迎客歌、送客歌、敬酒歌、逼婚歌、孤儿歌等题材丰富的仡佬语民歌。何在仁先生是这次田野调查的主要咨询人。因为同姓，我又和他的小儿子年纪相仿，我就以"大爹"相称，而何大爹按照仡佬族的习惯，从孙辈亲切地称我为小叔。何大爹是大狗场村的仡佬族祭师，村里唯一能吟唱仡佬语祭祀辞的先生，平时村里的丧葬白事都由他来主持。为了把珍贵的祭祀辞流传下来，何大爹特地花了10天左右的时间为我们逐字逐句翻译了长达3个多小时的仡佬语祭祀辞。何大爹为人淳朴善良，耐心细致，由于耳朵有点背，他常常用笔为我们写下关键的词句，生怕遗漏了什么。20多天下来，我为仡佬族勤劳朴实、与人为善的古老民风以及他们悠久的历史文化和优美的语言深深打动，当即暗下决心好好研习这种古老优美却鲜为人知的语言。

同年9月，李老师的项目正式启动，调查记录的一个主要语言点是贵州省大方县普底乡红丰村。这里地处僻远，苦寒地贫，生活条件很艰苦，课题组特意安排我和韦名应师弟两个男生前往调查记录。到大方县城后我们带着介绍信去县民宗局寻求协助，龙和劲、张鹏昌、罗国琴、李光琳、陈福来、周发明、高勋等时任干部为我们做了精心安排，还不忘提醒和鼓励我们说，村里生活条件艰苦，希望我们能坚持下来。

普底乡到红丰村的路崎岖不平，车子开到一半就抛锚了，我们只好扛着沉重的行李箱和录音录像设备跋涉了近两个小时才来到村主任王德友的家。王主任的家坐落在半山腰的树林里，是一座三间落地式木房子，中间一间为堂屋，左边是主卧兼厨房和餐厅，右边是杂物间兼客房，当中还燃着一个大煤灶，正煮着猪食。隔壁便是牛圈和猪圈。接下来的调查日子里，牛儿和小猪成了我们最亲密的邻居，无数个夜里牛儿的反刍声和小猪的呼吸声伴随着我们进入梦乡，恬淡致远。屋里没有厕所，而是在屋外林子里简单架起的几根木头供如厕用。第一次夜里如厕，被草丛里冲过来享用大餐的几条大狗给吓了一大跳。

艰苦的条件没有阻止我们研习仡佬语，乡亲们的热情和期盼给了我们最大的动力。历史和族际通婚等原因使红丰村的仡佬语处于濒危状态，全村能流利说仡佬语的也就30多人，还不到村里仡佬族总人口的10%，且大部分都是五六十岁以上的中老年人。仡佬语的现状让乡亲们忧心忡忡，希望能把祖先的语言一直传承下去。调查期间，田全山、王伦光、赵龙银、王伦强、高发珍、高品学、高品贵、高品富、王启珍、高品英、赵朝友等诸位会说仡佬语的乡亲都自发地教我们说仡佬语，帮助我们录制仡佬语民歌、历史故事和风土人情等各种话语材料。田全山和王伦光二位先生是我们的主要语言咨询人，长期配合我们的语言记录工作，可谓呕心沥血。

岁月如梭，十年之后的2016年7月，我带着用初次创制的仡佬语拼音文字编写的《红丰仡佬语简明词典》再次来到红丰村仡佬族大寨。看到自己民族语言写成的书本，全村男女老少都齐聚村里的广场来学习，幸福之情溢于言表，看得出乡亲们是多么希望政府或社会各界人士能帮助他们建一所仡佬语学校，教授子孙们说仡佬语，写仡佬文。

十余年来的仡佬语研习之路，使我收获了学术，更收获了与仡佬族同胞的深厚情谊。前不久田全山先生在一只杯子上给我题写的一首诗文可以见证："仡佬族语古传今，自古有语无书文。今朝仡语成书本，功劳还是何彦诚。"

令人扼腕的是，当年帮助我们记录仡佬语的何在仁、王伦光、赵龙银等几位仡佬族祭师已先后离世，这是仡佬族人民难以弥补的损失。

是时候为仡佬族同胞做点什么了。

陪女儿做田野调查

罗昕如（湖南师范大学）

2017年清明节早上，天刚蒙蒙亮，我叫醒了正在酣睡的5岁的外孙女可可，由女儿曾达之开车，祖孙三人一同赶往湘潭县易俗河镇八角村，按照预约去拍摄当地的清明节习俗。从长沙到八角村，开车需要近2个小时。

女儿达之正在职攻读方言学博士学位，是方言专业的新手，有幸承担了国家"语保工程"湘潭点的语言文化调查课题。该课题调查任务艰巨，所包含的内容广泛，涉及湘潭方言文化中的衣食住行用、农工百艺、婚丧嫁娶、四时八节等，必须深入湘潭县各乡各镇，在不同农时、不同节令下去调查拍摄。要做好这个课题，我必须全程指导女儿并陪同她调查。她是二孩妈妈，为减轻家人照管孩子的重负，节假日外出调查，我们总是带上姐姐可可。

赶到八角村我们的调查对象陈光益先生家中时，已快9点，他们已经把扫墓需要的祭品——果品、白酒、纸钱、香、鞭炮、幡子（即艳丽的塑料花，又叫"京花"）等准备好了。等我们到达后，陈先生家族的男性代表——陈先生的哥哥、弟弟和一个在市政府工作的侄儿，拿上祭品、铲子、弯刀、竹扫把，带着我们一起往后山走去，陈先生则留在家中准备午饭。陈先生的弟弟陈端蒲是当地一所中学的老师，是我们这个课题的调查向导。

陈光益先生1954年出生，长我一岁，我从晚辈也称呼他为

"陈伯伯"。陈伯伯在当地土生土长,有家族祖传的坟山,先人们都葬在屋后的坟山。刚下过雨,上山的土路有些湿滑,需特别小心。达之背着摄像机,扛着三脚架,我背着照相机,牵着可可,其实更多时候是可可牵着我,还不时提醒我:"奶奶,这里很滑。""奶奶,小心这根刺(荆棘枝条)。"

当地清明节去坟山扫墓叫"挂山",按照当地习俗,"挂山"仪式必须在上午完成。一路上,看到不少坟墓上已经插上了幡子。一个坟上插上几枝,远远看去,就像在绿野中盛开的鲜花。这里原来也是用纸幡"挂山"的,近年来流行用"京花",大概是塑料花经得起风吹雨打的缘故吧。坟墓多用石块和水泥砌成,不少坟墓还砌得很气派。

进到陈家坟地后,茅草、荆棘掩盖了小路,走在前面的人用弯刀开路。陈伯伯父母的坟墓也是用石块和水泥砌成的,属气派的那一类。当地有在大寒日"撮坟"和正月初"拜坟"的习俗,待到清明节时,坟头积满落叶,四周长满杂草荆棘。此时陈老师一行有的扫落叶,有的砍杂草荆棘,达之选择位置架好了摄像机开机摄录,我也不失时机地打开相机开始拍照了。

当地"挂山"仪式颇讲究颇复杂,包括以下程序:扫墓;插幡子;烧香、烧钱纸、放炮;转坟(三圈);跪拜、磕头(三次);洒酒祭奠。三位男人虔诚地、有条不紊且分工明确地进行着各项程序,"转坟"时按年龄从大到小的顺序,年龄大的走前边,围着坟墓转三圈,表示去逝者家中走一趟,看望逝者。跪拜、磕头、祭酒也都是按年龄从大到小的顺序进行。

清明节我也常回老家扫墓,但程序简单,像八角村如此讲究复杂的扫墓,尤其是其中的"转坟",我还是第一次见到。仪式进行时，气氛庄严肃穆，我们不便多问。待仪式结束，我们仔细询问了扫墓的各个环节，我叮嘱达之记下每一个词条及其内容。

中午返回陈家，一进家门，陈伯伯和家中女眷们已经摆好了香喷喷的饭菜。陈伯伯不仅田里功夫样样精通，还烧得一手好菜。当地过清明节有吃"麸子肉"的习俗。"麸子肉"的做法是把新鲜五花肉切块腌制，拌上红麴，肉块外面滚一层浸泡好的糯米，再大火蒸熟。陈伯伯做好的一桌菜中，用大钵子蒸好的一大碗"麸子肉"，红里透亮，令人垂涎，吃起来入口即化，香糯可口。

午饭后，男人们围着桌子坐下来开始玩骨牌，女人们则开始做"蒿子粑粑"了。

湘潭县有清明节踏青采野艾（即蒿草），做"蒿子粑粑"吃的习俗。陈家女人们今天一早从山上采回野艾，洗净，用开水焯一下，去掉苦涩，拧干水分，再切碎。现在她们忙碌着做"蒿子粑粑"了。把切碎的野艾加油炒一下，加盐、白糖，然后与糯米粉、面粉一起揉好，做成不大不小饼状的"蒿子粑粑"，再放入锅中油炸，使"粑粑"有一层脆脆的外壳。刚出锅的"蒿子粑粑"又香又脆又糯，尤其是那"蒿子"的独特香味，令我们这些城里人吃了还想吃。

我们摄录下了一家人玩骨牌、做"蒿子粑粑"的全过程，并拍了照，带上一大包"蒿子粑粑"满载而归。

多次陪达之调查后，达之慢慢上手了，可以一个人独立拍摄和记录词条了，如端午节赛龙舟、丧事、插秧、收稻子等农事活动，都是她一个人去拍摄的。丧事活动在湘潭县中路铺镇柳桥村进行，从长沙到柳桥村开车要 2 个多小时，那场丧事办了七天七夜，当地没有条件住宿，因此她每天清早 6 点出发赶往柳桥村，晚上八九点回家。正值暑天高温，一天下来会出几身大汗，到了晚上，看到她那深色短袖衫背上留下的几圈汗水浸渍的白霜，不免心疼，但更多的是看到年轻一代在成长，心中无比欣慰。

接下来去湘潭摄录发音音视频，去广州参加语料整理会议，去南宁参加课题预验收会议，我们祖孙三代都是一起参加，同去同回，被同行们笑称为"祖孙三代语保人"。

我和母亲的方言故事

阮桂君（武汉大学）

从小到大，我和母亲最亲。有什么事情，我总爱跟她讲。不管是小时候遇到了学习上的困难，还是长大后遇到了生活上的迷惑，我都会向母亲请教。哪怕我的方言研究，母亲也是我的老师，她对方言的语感和独特认识，很多方面是极为精细的。比如宁波乡村有一种竹盛器叫"箪"，传教士睦礼逊《宁波方言字语汇解》（William T. Morrison, *An Anglo-Chinese Vocabulary of the Ningbo Dialect*）中写作"篃"，解释为"水果篮"。母亲则告诉我，"箪"种类很多，有大也有小，有密也有朗（疏），虽为一类，因所装内容的不同而叫法上略有差异：装杨梅等很小水果的叫"杨梅箪"，个头不大；装炭的叫"炭箪"，个头比"杨梅箪"略大；装小猪崽的叫"猪箪"，个头要更大一些。另外有专门装砍柴刀的叫"刀箪"，大小跟"杨梅箪"差不多，要扁一些，有一条带子，可以把"刀箪"系在背后；如果"箪"有孔洞，则叫"亮眼箪"，一般是用来装鱼的。当然，最小的"箪"不是容器，而是松果，叫"柴壳箪"。

我的博士论文做的是《宁波方言语法研究》，而母亲就是我语料的提供人。记得读硕士的时候，我的导师（也是我后来的博士生导师）汪国胜教授对我说，做方言研究，语料十分重要。他跟我介绍他研究大冶方言语法的时候，在田野调查结束后，为了琢磨语料，把方言录音磁带一遍一遍地反复听，备好纸笔，做好记录。

从那个时候起，我便自觉不自觉地开始了家乡方言记录的工作。当然，首选的方言素材提供人，必然落到了母亲的身上。2006年，结合博士论文，母亲帮我录了20多个小时的语音材料，其中一多半是长篇叙述语料。断断续续，我把这些材料转录成文字，抄写在几大本手册上，成为我的第一批研究宁波方言的宝贵材料。

2016年，一晃十年过去了。这十年母亲大部分时间跟我住在一起，帮我带小孩。我在家跟母亲和孩子，一直坚持用宁波话交流，只有在辅导孩子功课的时候，才跟孩子说普通话。尽管如此，我发现母亲的宁波话慢慢地受到小孩普通话的影响。我觉得这种变化，或许可以让我们看到很多语言接触带来的信息。于是我突发奇想，是不是可以让母亲把十年前讲过的内容，再给我讲一遍呢？这里头会有哪些叙述会发生变化，有哪些用词或发音会有所不同呢？想到就做，我便拉着母亲，请她重新讲一遍她从小到大的经历。20多个小时，不是简单的事，需要花很长的时间来叙述，有的时候，因为讲到伤心处，母亲哽咽说不出话来，需休息几天才能再继续。这次录音，重温了父母辈艰辛的往事，对我，对我儿子，都是很好的教育。而十年同素材的叙述，又是对比研究极为宝贵的材料。

2017年，我要到巴黎访学一年。母亲说，我不在家，她想到老家去照顾父亲，让我教她怎样使用录音笔，说她在老家，可以帮我搜集一些研究资料。我眼圈红红的，知道母亲看着我每日忙碌，发现她还有帮得上我的地方，总是不遗余力。

我便教会了母亲怎样使用录音笔来录音。谁知母亲学会使用后，就喜欢上了这个录音小设备，茶余饭后、夜晚凌晨，只要一空下来，就录音。把她的感受、知识，想说的话，灌输到手中的小玩意儿上。

我收到后，一则一则地听，母亲从外公小时候的事开始讲起，一直讲到现在。各种陈年旧事，好多是我听过的，也有好多是我从来没有听过的。里头有20世纪50年代的贫穷，60年代的艰辛，七八十年代乡村的巨变，有喜有悲，犹如一代人在特殊历史时期的独特画卷，既宏大，又琐细。

也许是因为没有旁人，母亲在叙述的时候更加流畅自然，所用的方言也更为地道。有些内容，甚至让人大开眼界。比如江浙一带有梅雨季节，梅雨来临叫"入梅"，结束叫"出梅"，这个我是知道的。但是梅雨季节像动物一样还分雌雄，则是我第一次听说了。雨不大，但断断续续，阴雨连天，持续时间又特别长的，叫"雌梅"；"雄梅"则干脆得多，持续时间不长，雨季是雨季，过去了就过去了。

我是很早就离开老家的，以前跟家人的联系多半通过信件，之后慢慢地变成电话，现在又增加了母亲的讲述。我觉得这种感觉十分神奇，虽隔万里却又如咫尺！

我把录音笔给母亲的时候就说过，录音的内容是不限制的。后来我发现，母亲在讲述完她的故事后，就开始讲各种掌故，天文地理、风水鬼怪、吃穿住行等，完全出人意料。我就知道，这是一个机会，我用一支录音笔，牵引出了母亲的兴趣，也让母亲成了一个自觉的方言文化观察者和讲述人。

湖南之南

唐伶（北京语言大学）

我第一次接触田野调查是在2002年秋，当时跟随导师曹志耘先生去湖南永州进行语言实践。湖南是语言研究的富矿，其南部的语言资源更是得天独厚，分布着官话、土话、平话等汉语方言以及瑶语、壮语等少数民族语言，湘南是典型的双方言区。我有幸生长在湘南这片神奇的土地上，但从方言研究的角度看却小有遗憾，因为我的母语是官话，没有双方言能力。

我是个半路出家的方言学学习者，第一次去调查实践时心里忐忑不安，在火车上反复熟悉国际音标、翻阅有关文献，一路上惶恐不已。对于湘南，我犹如一个赤手的淘金者，纵然资源珍稀富足，我却无从下手。所幸，在导师的引领和亲身示范下，实践过程充盈着快乐和收获。都说万事开头难，但我的开头却渗透着各种美好，有山花浪漫的乡野，有热情好客的老乡，每天收获知识，增加见识，在满溢的新鲜感和收获感面前，完全忽视了隐藏其后的辛劳和艰难。

在博士一年级下学期，论文选题基本确定，调查任务明晰起来，拟完成对永州南部7县75个点的调查工作。从那时起，我最紧张不安的时候都是寒暑假前夕，因为要着手准备假期的田野调查工作。常常是手里攥着从学校研究生处开具的介绍信，仔细查看着地图上一个一个的县、乡（镇）甚至村落，计算着距离，规划着调查线路。介绍信是当时出行的必备品，印有"北京语言大学"的纸笺、盖有"北京语言大学研究生处"的公章,总是有一定的效力(其实"北京"两个字更有效力)。北京语言大学的影响力在北京之外实在有限,何况是偏远山区。而那时在有过大学教育经历的人看来,北京语言大学好似一所小学校,因为他们闻所未闻。每每我介绍北京语言大学的特点,强调其优势和国际影响力时,回馈我的多是质疑的眼光和语气,一副不想跟我深究的神态。

由于是假期,我去调查的时间点总是有些小尴尬。暑假,适逢当地"双抢"的农忙时节;寒假,正是阖家团圆共享天伦之时。我常常是在县政府或乡(镇)政府的办公室,拿着介绍信和证件一遍一遍地跟工作人员说明自己的来意,请求他们的帮助。虽然时有不顺,但结果常常是好的。被拒绝、被怀疑时,我心中始终坚持一个信念:无论如何要完成选定的75个方言点的调查。这种信念在遇到困难时弥足珍贵。

独自面对调查中的困难时,乡野不再浪漫,山花也失去了芬芳,老乡的面目变得冷漠甚至冷酷起来。让我印象犹深的是在宁远的一段经历。当时春节刚过,正月未满,大家正忙着走亲访友恭贺新春,我拖着行李从冷水滩坐县际班车出发了。车上乘客不少,但都是拎着大包小裹走亲戚的,一派喜气洋洋的景象。看着他们,我想着不知道哪位老乡会成为我的发音人而要失了这份惬意。到了镇政府,只有值班人员,他看了我的介绍信,听我说完来意,自是十分不解,但没有断然不理,操着土话打了几个电话,然后让我直接去找一个村支书。我循着地址找到了村支书家,见好几个人围坐在火炉旁取暖。我向他出示了介绍信和学生证,他一边打量着我,一边用土话跟其他人员交流着,然后要求我出示身份证。我十分配合地掏出了身份证，他却突然对我说不能相信我说的都是真的，需要去派出所备案。去派出所备案的提议着实把我吓了一跳，我的反应让他越发觉得自己是个睿智又慎思的人，话锋一变，不再提备案了，而是确定我游走在乡镇之间是有所企图，所谓调查土话就是要学习他们的土话，是为了打入他们内部以进行更深入的活动，而这更深入的活动是要调查当地生产售卖假烟的行为！他一步步推理出，我就是一个乔装的记者！我错愕惊诧，百口莫辩。后来，镇里又来了两位工作人员，可能是我无助、可怜、狼狈的样子打动了其中的一位女性工作人员，在她的劝说下我侥幸获得了赦免。最后，还是在她的帮助下我找到了一位发音人，晚上就借宿在镇上一个简陋不洁的旅馆里。那一晚，我和衣而睡，一直担心有人半夜过来搜查我的房间，半梦半醒地撑到天明。

  我的家人本来就对我孤身调查有所担心，有了这番遭遇以后，更是放心不下。后来再去比较偏僻的乡镇村落，母亲闲时就会给我作陪。母亲的阅历、表达能力、沟通能力让我调查时足够安心和镇定。我做调查，母亲和老乡闲话家常一团和气的景象现在依然时常想起。这一幕已经永远不会重现了。

  现在，我也带着学生利用假期出去进行田野调查和语言实践，当我带着学生在湘南大地奔徙的时候，那些曾经的调查经历总是在眼前浮现。从我初次接触方言调查至今，已过十七载，世易时移。我的学生在跟着我一番调查实践之后，也迫不及待地想要去调查自己的母语，小试牛刀，一如我当年，幸事。

行走湘西南，不了平话情

胡萍（中南林业科技大学）

2018年6月的一天，我接到一个来自湘西南的电话。

"胡老师啊，我是绥宁的杨章益，今年我家的杨梅结得好呢，又大又甜！今天就托汽车站的人带一箱到长沙，给你尝尝……"

杨章益，是我做关峡苗族平话调查时的口头文化发音人。那腔洪亮的乡音，把我的思绪拉回到那个遥远的黄昏。

那是2001年的秋天。为了撰写硕士论文，我来到了湘西南边陲的小县城——绥宁。

经过十多个小时的长途颠簸（那时还未通高速公路），我站在了那个老旧、凌乱的县汽车站门口。看着一张张陌生的面孔，听着咿呀难懂的乡音，我以为自己只是这里的一个匆匆过客。未曾料，我与"绥宁"从此有了十多年、数十次的亲密接触，它成为我人生中重要的一站。

这个片段，被写进了拙著《湖南绥宁关峡苗族平话研究》的后记中。如文中所言，"绥宁"是我学术研究的起点。在这里，我第一次接触到苗瑶平话，从此便与它"纠缠不分"了。

湘西南苗瑶平话，是少数民族所持的一种语言。其分布区域，以城步苗族自治县为核心，向周边的绥宁、新宁、龙胜、资源等县辐射。使用者约8万人，以青衣苗人为主，也包括新宁县麻林、黄金两个瑶族乡的过山瑶人。

当地人，也自称为"人话""平话""峒话"或"团里话"，今以"苗瑶平话"统称。

明弘治年间,朝廷在湘西南地区"改土归流",强迫当地苗民改汉服、习汉俗。城步《蓝氏墨谱》记载,八里、都、图的苗族皆"丈地化为汉民",横岭、扶城、莫宜、拦牛、蓬峒等五峒地区却"宁可守旧当峒地为峒民"。

这五峒地区,史称"五峒四十八寨",是今天苗族平话的主要分布地,也是湘西南苗瑶平话的"核心区"。这里的苗民有强烈的民族认同感,甚至认为唯有他们所说的才是正宗"苗语"。

平话的古全浊声母保留了浊音,是真正的不送气浊音且浊度很强,和苏州、上海等地吴语的"清音浊流"有明显差异。这个特点,发音人自己都察觉到了。

生于1955年的江冠齐,曾担任过县文化局局长,是城步苗族自治县兰蓉点的发音人。他说:"我们青衣苗人以前多是靠游山打猎为生,与野物猛兽像野牛啊,豹子啊,豺狼啊打交道多,所以我们'人话'的发音呢,就像动物的吼叫一样,很低沉,很凶猛,很有力!"

那是我第一次听到如此生动形象地解释"浊音"。

说平话的人大多坚定地认为他们的语言就是"苗语"或"瑶语",这给单字的调查带来了较大的难度。一些老年发音人一看到我拿出《方言调查字表》,就摇头说:"苗话是没有文字记录的,这些汉字我们苗话不说。"通常情况下,我并不会跟发音人辩论苗瑶平话的汉语属性,而是委婉地告诉他们,我们只是要了解汉字的这个意思在"苗话"中是怎么表达的;更多的情况下是通过词语的耐心询问来达到单字调查的目的。

例如:"食"这个字,峒话发音人雷支团一开始就说,这个字我们峒话里没有,要说也是跟着"客话(县城话)"说[sɿ¹³]。于是,我问:"吃饭"你们怎么说呢?他说[y¹¹pai¹¹],其实就是"食饭";又问"猪食"怎么说?他说[tei³⁵ie¹¹]。于是,"食"的两个白读音就问出来了。

如今,苗瑶平话已属濒危方言。在非核心区域,濒危程度尤为严重。也因此,那些母语的坚定守护者尤其令人感动。苏成英老先生,就是其中一个。他是绥宁县关峡苗族乡苏家塝人,是我在当地做平话调查时最主要的发音人。他有文化,能写能说,自学了根雕技艺,在村中德高望重。他常说:"平话是我们苗家祖先祖祖辈辈流传下来的话,不能失传,失传就意味着忘祖。"

一次调查中,我发现苏老的入声分阴阳,而他的侄、孙辈则保留了一个入声调,不分阴阳。例如,苏老认为声调不同的"百"与"白"、"桌"与"浊"两组入声字,今新派都认为是同音同调的字了。双方都觉得自己才是对的,还发生了争执。看到说服不了年轻人,固执的苏老带着我走遍全村,向他的老伙计们寻求支持。他不无忧虑地对我说:"现在的年轻人连话都说不清楚了!"

那次走家串户,给了我启发——可以用社会语言学方法来调查关峡平话入声变异。

如果要问:田野调查对我意味着什么?我想说,它打开了我人生的一片新天地。

我在城市长大,对农桑之事原本一窍不通。而今,我能说出水稻种植从"浸种"到"入仓"的每个环节,这都是发音人教给我的。

在麻林瑶族乡调查峒话时，听说旧时瑶山因经济落后、耕牛不足，使用过一种人力牵引的耕地工具——"抬犁"。这种农具现在很少见了，为了让我拍摄到原物，麻林人陆大献师傅帮我多方打听，终于在该乡百宝村一户农家的仓库里翻出了一副沉睡多年、沾满灰尘的木制"抬犁"。

为了让我明白使用方法，陆师傅和一位村民当场脱掉外衣，一前一后把"抬犁"架起来演示给我看。

如果要问：湘西南对我意味着什么？我想说，她就是我的第二故乡。

　　记得女儿曾多次询问我一个问题："妈妈，你为什么每次调查都去湘西南呢？"而我也只能这样回答她：因为那里有独特的山水、独特的人文，也许倾我一生，也只能触及其十之一二啊！

这是拙著《语言接触与湘西南苗瑶平话调查研究》后记中的最后一段话。

如今，"湘西南"这三个字已经深深烙在我记忆中，就像杨章益大哥家的杨梅，吃在嘴里，融进心里，化作了<u>丝丝乡愁</u>。

田野里的"戴家军"

戴宗杰（鲁东大学）

在我国的民族语言学界，有一支队伍经常出现在祖国西南边陲少数民族地区的大山深处，穿梭于泰国、老挝、缅甸等国跨境民族的田野之间，开展少数民族语言特别是濒危语言、跨境语言的调查研究。这支队伍的领军人物是著名语言学家戴庆厦先生，这支队伍被民族同胞亲切地称为"戴家军"。

一　严师慈父般的戴老师

戴老师的"严"是出了名的，我在刚刚考入老师门下时，就常听师兄师姐说起跟随老师做田野调查的各种经历，包括老师在调查中曾把几位如今已是博导、硕导的学生训哭的故事。所以，我对田野调查心中既向往，又有一点害怕。直到后来我多次跟随老师到云南绿春、泰国清莱等地做田野调查，才真正见识了老师的严格与严谨。

2011年夏天，我们一行8人跟随戴老师到云南绿春做语言国情调查。绿春夏季湿润多雨，老师的腿部因患有类风湿而整日疼痛，却仍然每天坚持带队。哈尼族的村寨都建在半山腰，车开不上去的地方只能徒步攀登，我们既担心老师的腿痛，也打着想轻松自由一点的小算盘，都劝他在城里休息，但从未得逞。不得不承认，尽管"戴家军"很多成员都有独当一面的田野调查能力，但要把大家的力量拢到一起，却离不了戴老师坐镇。绿春一位当地干部在配合调查时说，你们的戴老师真像一个将军。这话说得简直不能再对了！

戴老师要求我们，每天的调查资料当天晚上必须全部整理完，一是当日材料当日整理不容易出错，二是第二天还会有新的任务。我们不敢违抗，因而在白天的紧张调查之后，晚上还要熬夜整理资料，凌晨一两点后睡觉是家常便饭。各自的材料写完后，都要发给老师审阅，有的还会被老师"请"过去，直到完成后才被"放"回来。我的一位师姐说起过她有一次深夜被老师要求继续整理当天的音系，因为连续熬夜，又经过一天的调查，早已疲惫不堪，嘴上不敢说，心中难免有情绪。师徒二人一边对音，一边录入，当她终于把音系整理好，扭头一看，戴老师已经端坐着睡着了，但嘴上还在"嗯嗯"地答应着。想到老师已近 80 岁高龄，既为自己刚刚的抵触情绪感到羞愧，又被老师的治学精神感动得流泪。

除了"严"之外，戴老师也有"宽容"的一面，只是从不轻易流露。2012 年正月，我们跟随戴老师到泰国北部清莱府调查跨境民族语言。慑于老师严格的"军规"，我们连续调查了 20 多天，都没有机会到城里转转，眼看回国的日子越来越近，心中着实着急。终于有一天，戴老师中午睡着了。我们心里都开始痒痒了，轮番去老师门口观望了好几次，大师姐一咬牙，带着我们直奔城里的化妆品店，一番"扫荡"之后，又赶紧掐着时间打车返回，提心吊胆地端坐在电脑前……后来师姐告诉我们，戴老师其实知道我们进了城，但他并没有批评我们。我也常想，那天中午，老师会不会是故意多睡了一会儿……

戴老师觉很少，常常头一天干活干到凌晨两三点才睡，第二天早上不到六点，就听到老师挨个房间敲门："好了好了，都起来干活吧！"

二 铁打的营盘流水的兵

转眼间我已毕业五年，在胶东半岛的一所高校里工作。我有时也带几个学生做一点当地方言调查，经常觉得效率不高、力不从心，越发感佩戴老师的带队本领。

2011年以来，戴老师主持国家语委重大项目"中国跨境语言现状调查研究"，多次带队赴泰国、老挝、缅甸等国调查，短则一个月，长则四五十天，总能顺利地把语言事实弄清摸透，完成一两部书稿（语言本体和使用情况）。与我们合作调查的泰国清莱皇家大学玛诺校长（President Manop Pasitwilitham）对此惊叹不已：你们真像是神仙一样，每次下来都能带回重要的成果。

如今戴老师已83岁高龄，仍然坚持每年带队调查。我很羡慕年轻的师弟师妹们，很想和他们一起跟随老师去西南的田野山峦。听他们说，老师最近几年越来越和蔼可亲……

三 语言学家的情怀

最让我感动的，是戴老师作为语言学家的情怀，在他的心中，田野既是田野，也是家园。

1956年，国家组织开展大规模语言调查，刚刚大学毕业的戴老师参加中国科学院少数民族语言调查工作队，来到云南开展哈尼语调查研究工作。他在红河两岸的哈尼族村寨广泛调查了各方言土语,学会了哈尼话,设计了哈尼文文字方案,还被任命为绿春县扫盲办主任,负责全县哈尼文扫盲工作。在 1956 年至 1960 年的四年里,戴老师与哈尼族同胞同吃、同住、同劳动,结下了难以忘怀的情谊。老师经常跟我们讲起这段光景,言语中流露着对绿春的怀念之情,自 1960 年回京,一别就是半个世纪。

戴老师再次回到绿春调查,已是 52 年之后。他还能认出当年徒步走过的村寨,那条只有几十间瓦房的宁静小街如今已是高楼林立、汽车穿梭,当年住过的公社小库房也已被推倒,并盖了新房……当我们一行人到达哈尼文标准音点的大寨时,当年与戴老师共事多年的同龄哈尼族兄弟罗书文老先生已在村口等候多时,两位老人紧紧相拥,都流下了激动的泪水。绿春的父老兄弟也一直记得戴老师当年帮助他们创制和推广哈尼文,亲切地称他为 "$xa^{31}ni^{31}so^{31}ɣa^{31}a^{31}bo^{55}$"(哈尼文爷爷)。弹指一挥间,五十多年过去,绿春已经从六个哈尼村寨变成了一座现代化小城,当年的那个小伙,也已经变成了"阿波"(爷爷)。

只有那颗从田野来、到田野去的初心从未改变。

模范"考生"

黄小平（赣南师范大学）

2016年我承担了宁都的语保工作，这是我的母语点，也是第一个语保点。4月份招募发音人，课题组刚到教育局，本文的主人公温考生就来找我们。他很健谈，当地的社会经济、风俗民情，滔滔不绝讲了很多，还讲了很多顺口溜。他不太注意细节，穿着皱皱巴巴的衣服，头发也是卷曲蓬松的。问他年龄，他掏出一张破旧的发黑的第一代身份证，说"我是1950年的"。我们说那不行啊，超过了65岁，然后他又解释说"我的新身份证是1951年的"。我说那你拿出新身份证来看看，他说弄丢了，因此第一次没被录用。

第二次找温考生是6月底，因为后来找的"老男（老年男性）"发音人李忠帮人看药店来不了。打电话给他，他说刚从乡下回来，前几天去收修祠堂的钱了。他是宁都温氏宗族委员会秘书长，负责记账，有时还下乡收钱。他不计前嫌，爽快地答应了。温考生回来之后，话题类的摄录很快就完成了，他身兼数职，故事、谚语、歌谣等都是他完成的。多人对话，他坐在中间叉着手，俨然是主角的模样，假如没有"老女（老年女性）"发音人、"青男（青年男性）"发音人插话，他简直一个人就要把话题讲完了。接着录了他的音系。7月上中旬摄录的基本是长篇，单字曾试图用摄像机摄录，但摄像机不好回看效果，所以最后作罢。下旬去广东韶关点学习了最新的摄录机软件摄录。8月初录了"青男"发音人单字音视频。

我们基本是白天摄录，晚上休息，摄录场地布置在宾馆里。摄录6天后剩余的基本是"老男"发音人的任务了。课题组为了在中旬结束所有任务，打算加快进度，准备晚上同时进行，叫温考生来宾馆住。他不怎么会用手机，手机经常是静音或者关机，第一天他没告诉家人，我们也忘记跟他家人联系了，晚上9点他家人找到宾馆问怎么这么晚还在录，我们连忙解释，并说今后几天都需在宾馆住，他们知道后也同意了。但这增加了温考生的工作量。温考生身体不太好，腰椎间盘突出，坐姿不正，身体往一边倾斜。前面多人对话等内容，开头时调一次镜头就行，现在单字中间停顿多，所以镜头、坐姿调整多。有时实在不行，我们就去压他的肩膀，他也挺配合。你压他左肩膀他左边塌下去，压他右肩膀他右边塌下去。

由于6月底紧锣密鼓的调查和8月来的高强度工作，他的腰椎间盘症更加严重了，越来越坐不正了，嗓子也不行了。12日，他扁桃体发炎，喉咙红肿，说不出话来，但他仍坚信自己能发音，继续录了几个字，最后还是不行。其实，我们也是没经验，第一次承担语保任务，碰到发音人读不准的字或音质不好的字，一两遍读不好就应跳过，否则发音人压力太大，效果适得其反。吃了一天药，第二天温考生又来了，他说可以了，没事了，我劝他还是别硬撑，但他坚持要录，我只好试试，结果嗓子又哑了。回去他加重药量，安心静养。15日，他又来找我们，说这回真没事了，说完还大声吆喝几声。这回状态真的好多了，我们吸取了上次的教训，放慢节奏，并且每次都给他泡一壶浓浓的茶，这次坚持录到最后。

其间我们苦于找不到采茶戏和说唱文化的发音人,他听说后,马上给我们找了文化馆的三位老艺人,也帮我们找了一位唱鼓子曲的盲人。温考生似乎"神通广大",体制内的人他认识,体制外的他也认识。这和他的经历有关,他小学文化,小时候非常艰难,20来岁顶父亲的职进入县供销社,管过食堂,20世纪90年代下岗送过牛奶,所以各色人等他都认识。他认为宁都"语保工程"是大工程,是政府的工程,应该做好宣传让政府知道。于是他去找县宣传部,第二天宣传部就派了记者来采访,第三天新闻就在宁都电视台播出了。

各项工作顺利结束,语保暂且告一段落,等着迎接预验收。预验收后,临近岁末,时间也从盛夏到了寒冬。有几个音需补录,一天傍晚时分联系温考生,电话无法接通。打给他儿媳,她告诉我她公公前两个月早上锻炼拉单杠摔下来右脚摔骨折了,住了两个月院,前几天刚回来。听后我心里一惊,怎么会这样呢?后来我联系他儿子找到他家,见他穿着棉袄躺在床上,脚上敷了石膏。见我来,他赶紧从床上下来,拄着拐杖准备迎接我。我连忙上前搀扶并让他好好休养,然后简要说明来意。接着他很爽快地给我们录了音。为了不打扰他,我坐了一会儿就走了,离开时包了个红包。

温考生的情况,使我想到了千千万万的普通客家人,他们身上散发着人间烟火味,出世入世,在世间立身立命立功。这也让我想到了"客家精神",正是由于这千千万万普通客家人的"人间烟火味",最后才汇聚成这浩然的"客家精神"。

教我如何不想他

张勇生（江西师范大学）

田野工作者遇到一个好的发音人，就像一名好的琴师遇到一把好琴，琴为琴师而造，发音人似乎也是为田野工作而生的。没有发音人，就没有田野工作者，自然也就没有"田野语言学"这门学问了。

所以，田野工作者对发音人是具有天然的感情的。一个好的发音人，会每时每刻牵动着田野工作者的情感：让你时而紧张，时而惊喜，时而感动，时而膜拜。他们看起来普通，却又个个身怀绝技。

设想，当你听到一个不识字的老者同时会讲七种话，你吃不吃惊，膜不膜拜呢？

十多年前，我和中央民族大学覃小航教授、广西民族大学蒙元耀教授一行在广西隆林县调查时，就偶遇了一位会讲七种话的老年发音人。至今忆起来还是一段很有意思的经历。

当时我们从新州出发，本来是想去猪场的一个苗寨调查苗语。途经一个壮族寨子，突然想到要收集一点壮语的素材。正巧，在村口遇见一位正在挑猪粪的老者，于是当机停了下来，想就地问几个有关壮语词汇的说法。蒙教授是壮族人，也是壮语研究方面的专家，所以由蒙教授对这位老者进行了调查录音。调查结束时，我们才想起要记录一下发音人的信息材料，当问到民族身份时，所有人都傻了眼。这位老者告诉我们他不是壮族人，是彝族人。随行的还有一位苗人,这位老者竟然还能流利地使用苗语同这位苗人交谈。这种情形我们还是第一次遇到。更让我们吃惊的是,后来老人竟然转而用汉语跟我们交谈,说他不仅会彝语、壮语,还会熟练地使用苗语、仡佬语、白话以及当地汉话(西南官话),加上不太标准的普通话总共会说七种话(据了解,著名语言学家能熟练使用的汉语方言也不过五六种呢)。

当然,随着调查的深入,我们最终解开了这个谜团。广西隆林县是一个多民族自治县,县内有汉、壮、彝、苗、仡佬五个民族(1990年还有未定族属的伱人)。这些民族杂居在一块,由于汉族代表了当地先进的经济和文化,所以其他民族一般都会讲当地汉话。彝族周边住地以苗人居多,平时来往交流较多,所以一般彝族人也会讲苗语。壮族占当地人口比重最大,属于当地强势语言,所以大部分人也从小就会讲壮语。另外,由于我们接触的发音人是手艺人,年轻时经常外出务工,和外界交流比较多,为方便工作,也学会了当地白话和仡佬语。所以,一个人熟练掌握三四种话,在当地也是属于比较常见的现象了。

这段调查经历当时不少媒体都进行了报道。因为我们的发现,也引起了学界对"多语者"的关注。

遇到一位好的发音人,就像遇到一份机缘,甚至也因此成就了一段佳话。一位好的发音人往往成就一部经典之作,同时也可能成就一位语言学家。就像赵元任偶遇毛达性,罗常培遇见游国恩与黄森梁,而我偶遇了戴元旺,才有了《中国语言文化典藏·永丰》。

2013年,我正承担曹志耘教授主持的教育部重大课题攻关项目"中国方言文化典藏"(以下简称"典藏")永丰点的调查工作。一天下午，我扛着摄像机在邻近村里转悠，碰到一户人家在举办婚礼，正好当时有关"婚庆"的调查项目还差一些条目，于是我偷偷地"潜伏"进了婚礼现场。机缘巧合，婚礼正好进行到了拜堂这一环节。当时"礼生"（当地人把主持红白喜事的人称为"礼生"）念的一段"诰文"给我留下了深刻的印象，"诰文"内容如下：

> 时为中华人民共和国，公元二零一三年。岁次癸巳于，癸巳十一月二十六。亲迎日甲申之良辰，亲迎子袁富贵。谨珍香彩烛之仪，感昭告于大名宗。黄府贵郡堂上，历代考妣，一脉宗亲，老先生，老孺人，神前而曰。天地交泰，曰阴曰阳，男女匹匹，如凤如凰。兹当亲迎虔告宗堂，神祈默佑，长发祺祥！谨告！

后来了解到，"念诰文"是当地传统婚礼拜堂习俗。"诰文"当地方言叫"诰命"。女方的"诰命"称为"于归子"，主要向祖先告别；男方的诰命叫"亲迎子"，祈祷"夫妇齐眉，百子千孙"。根据内容判断，上面的诰文应该是"亲迎子"。

"礼生"念"诰文"并不是简单地用方言来念的，而是采用了一种特殊的腔调来诵读。当然，后来我才知道，这种特殊的诵读方式正是濒临失传的"吟诵"艺术。这类"诰文"在全国其他地方可能已经不多见了，极具"典藏"价值。只可惜由于篇幅的原因，最后没有收录进"典藏"。

这次"潜伏"收获很大，不仅调查到了"拜天地""念诰命""合卺礼""抢新人果子""奉新人"等濒临失传的传统婚庆礼仪，而且极其幸运地结识了这位"礼生"——后来成为"典藏"发音人的戴元旺老先生。

这位"老先生"可了不得了,不仅对当地历史人文、风俗礼仪颇有"研究",还精通"风水"。此外,他的"赞彩"活更是堪称一绝,简直就是一部活生生的"农村百事通"。做方言文化调查,选取这类"农村百事通"作为发音人是最合适不过了。这类发音人见多识广,多才多艺,性格开朗,为人热心、仗义,调查时不仅省时省力,而且调查质量也有了很好的保证。

在近20年的田野经历中,遇见的发音人数以百计,但唯独这两位,让我常常想起。但凡田野工作者都知道,这种"偶遇"是极其难得的。临近结尾,我突然想起由赵元任先生谱曲的那首《教我如何不想她》。正好,以此为题寄托感念,也借以缅怀汉语田野工作的重要开拓者之一,伟大的语言学家赵元任先生。

曹妃甸的"花木兰"

沈丹萍（浙江师范大学）

不是在田野调查，就是在去田野调查的路上。这也许就是方言研究者的宿命。

2018年7月11日，我和北京师范大学的曹梦雪老师带领21名学生去曹妃甸进行方言调查实习。11日下午我们到达了提前预订好的海澳大酒店。酒店条件还不错，服务人员也很热情周到。考虑到学生们口味不一，办完入住手续后，曹老师便去周边考察环境和餐厅，结果却不尽如人意。征得大家同意后，决定调查期间就在酒店用餐。

曹妃甸位于河北省唐山市南部沿海，属于市辖区。根据《中国语言地图集（第2版）》（2012），曹妃甸方言属于冀鲁官话。正如当地人管操外地口音的人叫"侉子"一般，外地人管操曹妃甸口音的人叫"老呔儿"。

发音人艾顺梓叔叔和丁秀芳阿姨是一对夫妇。艾叔叔今年66岁，是曹妃甸区唐海镇艾庄子村人；丁阿姨今年67岁，是曹妃甸区唐海镇西南庄人。两人都是国营柏各庄农场的退休工人。去年夏天，我去曹妃甸做博士论文的调查时，结识了艾叔叔一家。当时艾叔叔刚做完心脏搭桥手术。叔叔是庄里的"大执宾"，专门负责红白喜事中各项具体工作的落实，并且对农事、房屋器具等也一清二楚；阿姨精于女红，对衣服穿戴、日常生活等内容都谙熟于心。这些正是方言调查中最复杂也最难调查的内容。为了提高工作效率，同时也让叔叔和阿姨得到充分的休息，我们在酒店另开了一间房，白天大家集中在这里调查，晚上供叔叔和阿姨休息。

正式调查从 12 日开始，白天记音，晚上开会讨论或整理材料。叔叔的反应和记忆力在手术之后变得有些迟缓，幸亏有阿姨的帮助，整个调查过程中阿姨起的作用十分明显。阿姨脑子灵活，理解和表达能力极强。调查时，她总能抢先一步回答我们的问题，而且能立刻说出恰当的例子，让大家了解这些字词的实际用法。实习的最后半天，安排大家查漏补缺，可以就自己感兴趣或尚不清楚的内容向叔叔和阿姨提问。在调查有关游戏的词汇时，随着同学们讨论热情的高涨，阿姨脑海深处的记忆也被唤醒了，向我们介绍了许多他们小时候玩过的游戏，还跟同学们比拼翻花绳。翻花绳在当地叫"腾细粉儿"［$t^hǝŋ^{44} ɕi^{42} fǝr^{213}$］，是当地广泛流行的一种儿童游戏。阿姨翻花绳的技艺丝毫不输年轻人，这种不服输的精神让我们备受鼓舞。参与实习的都是女同学，阿姨在调查间隙反复教导大家一定要尊重、孝顺长辈，尤其是自己未来的婆婆。

深入发音人生活场景的实地调查和酒店式的询问调查既有区别，又相得益彰，身处自己熟悉的生活场景，发音人不仅可以放松心态，而且可以用更准确的方言进行表述。有几次我独自在叔叔、阿姨家调查时，邻居过来串门，我没有阻止他们聊天，而是留心听他们聊天的内容，反而记录到了好些个地道的方言词汇。

为了更加深入地了解当地的风俗民情，增加调查的深度，在经历了 5 天的纸笔调查后，17 日一早，我和曹老师便带领实习的学生去发音人家走访。艾叔叔早早吃完早餐就回家安排了，我们在丁阿姨的带领下，先搭乘公交车，然后步行300米左右就到了艾庄子村，艾叔叔家就在村口不远处。他们家的姑爷是当地有名的大师傅，当天中午还亲自为我们准备了丰盛的本地海鲜大餐。艾叔叔家共有三间正房和七间厢房，正房最中间是"过道屋儿"，就是平时做饭的地方，两边是卧室，七间厢房在西侧，这也是当地比较普遍的一种住宅格局。走进院子，穿过过道屋儿就到了菜园子。当时正值盛夏，菜园子里栽了很多黄瓜，丁阿姨一边忙着摘黄瓜给大家解渴，一边招呼大家自己动手品尝收获的喜悦。刚开始大家还有点拘束，后来也都放开了，纷纷钻进菜园子里寻找大黄瓜。

实地参观之后，大家迅速进入调查状态。一同参与调查的还有另一对夫妇，巧的是这位叔叔也姓艾，阿姨也姓丁，原来他们俩分别是发音人叔叔和阿姨的同庄好友。"三人行，必有我师焉"，而我们有四位发音人，调查就更加有把握了。叔叔阿姨们集思广益，对当地的亲属称谓、红白大事以及民间信仰等内容做了详细的介绍，让大家长了不少见识。

学生实习结束后，我独自去她家继续调查。丁阿姨说她喜欢跟我们在一起，每天只管想着书本之事，没有烦恼。记得有一次，我和阿姨一起午休，她却没睡，躺在炕上拿着调查手册继续翻看，她身上这股认真劲儿一直激励着我。阿姨待人善良，对我更是嘘寒问暖，关怀备至，时常往我包里塞些焖白薯、水果或者水煮蛋什么的，叮嘱我晚上饿了吃。下午一般是5点结束调查，然后去赶5点半的公交车回宾馆。只要结束的稍微晚一点，阿姨就会叫叔叔开三轮车送我去公交车站，生怕我误了车，又挨了冻。

走过广阔的山间田野，记录多样的方言文化，我们总会遇见有缘的发音人。然而,"天下没有不散的筵席",调查很快就结束了。当地那带着浓浓呔味儿的方言,朴实可爱的发音人,都给我们留下了难忘的记忆。尤其是丁阿姨,她认真的做事风格、乐观的生活态度以及和善的待人接物方式,还有那不服输的拼搏劲儿,让我尤为赞叹。她是中国农村女性的代表,更是新时代的"花木兰"。

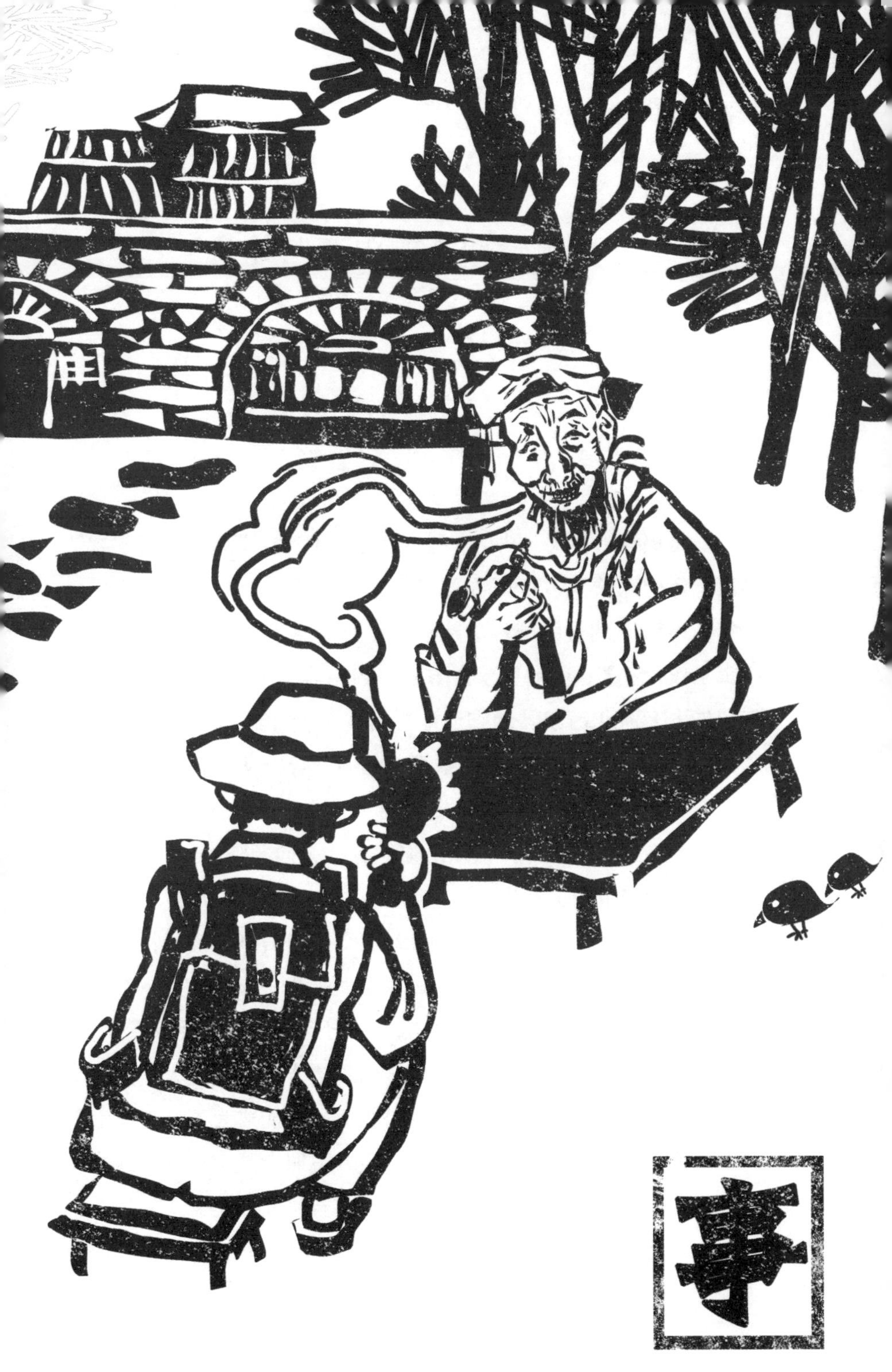

方言田野调查的艰辛与愉悦

陈章太（国家语言文字工作委员会）

一

我是福建永春人，从小学到中学一直生活在那里，对家乡有难以忘怀的深情。1955 年在厦门大学中文系毕业后，留校工作一年；1956 年调入中国科学院语言研究所从事语言研究和语文编辑工作，主要调查研究汉语方言。1959 年年初随老师丁声树、李荣先生去河北昌黎县调查当地方言，并参加编写《昌黎方言志》。丁、李先生对我们关怀备至，细心教导，从调查提纲的拟订、选点到字表记音、词汇语法调查、记录，一步一步引导、讲解，稍难之处还举例解释，并说你们有什么问题随时可以提问。那时丁、李先生多次对我们说，从事汉语方言研究，最重要的是要做好实地调查，充分占有材料，练好研究方言基本功，特别是要调查研究好自己的母语方言，踏踏实实一步一步往前走，不要操之过急；做什么事情都要下苦功夫，功到自然成。我深感丁、李先生的这些肺腑之言，这是他们成为汉语方言学顶尖大学者的实践经验总结，使我十分感动，受益无穷。我能成为丁、李先生的学生，真是荣幸！我暗下决心：一定要遵照老师的教导，刻苦学习，认真调查，深入研究，取得汉语方言研究的成果。

从昌黎回北京后不久，我即遵照老师教导，一头扎进我的母语闽方言的调查研究中。在调查之前,我抓紧查阅一些历史文献和已有研究成果,从多方面做了一些准备,并向丁、李先生请教,调查研究闽方言要注意哪些方面。两位先生告诉我:闽方言是汉语方言中比较古老、复杂的方言,对闽方言的研究不要急于求成,要一个点一个点地调查、整理、比较、分析,归纳各自的特点和共同之处,像吃瓜子和石榴一样,一点一点地啃、嗑,而不能像吃福建的番薯(白薯)一样,三两口就吃一大块,那样就品不出它的美味。听了先生们说的一番话后,我想只要我下功夫钻进去,就能跳得出来,弄清闽方言内部的一致性和差异性。丁、李先生还说,要关注各次方言的交融性,以及某些单点方言的独特性。另外,要重视省内各地区、各领域、各种场合对语言的使用状况,归纳出特点,提高观察、分析语言的能力和基本功。丁、李先生的这些谈话,句句中肯,掷地有声,使我受益无穷,终生难忘。

二

遵照丁、李先生的教导,在做好某些准备之后,我即多次赴闽,有时一去就几个月,先与潘茂鼎、梁玉璋、张盛裕、李如龙等老朋友合作,在20世纪50年代进行的方言普查的基础上,编写《福建省汉语方言概况》,我写了闽北次方言区初稿,绘制了闽方言地图初稿,后同李如龙合作,联合或单独调查研究了数十个点的方言状况,合作编写、出版了《闽语研究》一书,归纳、论述了闽方言内部的一致性与差异性等特点,并将闽方言分成闽东、闽北、闽中、蒲仙和闽南五个次方言区,描述了这五个次方言区的主要特点，书中观点鲜明，语料充实，得到学界认同，有一定影响。我们在田野调查中发现并记录、描述了多处方言的特点、状况，除本书收入的《顺昌县埔上闽南方言岛》《福鼎县澳腰莆田方言岛》《南平市北方方言岛》之外，我和李如龙还发表了《碗窑闽南方言岛二百多年间的变化》一文（刊《中国语文》1982年第5期）。这篇文章描述了从清康熙年间开始，因闽南地区瓷土缺乏，瓷业衰竭，泉州、南安、永春、安溪、晋江、惠安一带，大批居民移民闽东宁德定居，逐渐形成碗窑闽南方言岛，分布在宁德一些村庄，至今已有两百多年，人数达三千多人。本方言岛内坚持使用闽南话，有些也说宁德话，不少人还会说普通话。1982年春节前，我听说碗窑一些村落居住着不少闽南人，都会说闽南话。我猜想是闽南人移居此地形成的方言岛，即请县教育局一位干部陪我前往碗窑村，一路跋山涉水，艰难前行。有些方言，因周边有多种不同方言，受周边方言长期影响，逐渐形成具有周边方言成分、特色而又有自己完整语音、词汇、语法体系的方言，我认为这种方言可以被视为"边界方言"。福建境内较为典型的"边界方言"有大田县内的方言、尤溪县内的方言、浦城县内的方言，还有一些较小的"边界方言"。大田县地处闽南方言、闽中方言、闽东方言和客家方言之间；尤溪县地处闽东方言、闽北方言、闽中方言、闽南方言和莆仙方言五大方言区邻界处；浦城县地处浙南吴语、赣东赣语和闽语闽北方言之间，三处"边界方言"都各有复杂纷繁的语言成分，也各有自己完整的语言系统，"边界方言"特色鲜明。这使我联想到汉语方言区中的晋语、徽语等是汉语八大方言之外的独立的大方言，我认为晋语、徽语可以被视为汉语八大方言之外的"边界方言"，但这还需要进一步调查、论证。

我在闽西北顺昌调查方言时，发现发音人陈延年的家庭是一个双语或多语家庭。他是当地的小学语文老师，祖辈在清朝道光年间随太平军北迁至顺昌埔上乡定居，全家15口人，主要使用闽南话，必要时也说属于闽北方言的顺昌话，有的还会说闽东方言的福州话，全家大多数人也会说普通话。在家庭中说什么话，主要取决于说话场合、对象、话题和说话人在家庭中的地位。这种家庭语言生活，对于方言调查研究和社会语言学研究很有意义。我对这种家庭语言生活做了深入、细致的调查研究之后，写成了《四代同堂的语言生活》一文，发表在《语文建设》1990年第3期上，引起了学界和教育界有些同行的重视，并获得一定好评。

三

福建属于丘陵地带，山高水长，交通不便，每到一处调查方言，大多要跋山涉水。夏天爬山走路满身大汗，有时还会摔跤流血；冬天爬山过河，天寒地冻，全身发冷，真可谓是艰难困苦。然而每次田野调查都有可喜的收获，每次看到记录、整理过的这一沓沓成果，心中便会感到无比的愉悦。这是一种特殊的精神享受，是老师、同事、朋友们教我送我的珍贵礼物。我会珍惜这一份份情意和成果，一步一步坚持走下去，直到无力调查。这是我们田野调查工作者必须具备的品格和素质。

从事汉语方言调查的片段回忆

钱曾怡（山东大学）

1956年7月，我在山东大学中文系汉语言文学专业毕业留校，被派往教育部和中国科学院语言研究所合办的第二期"普通话语音研究班"学习。这一期的学员分甲、乙两班：甲班的学员是推广、教学普通话的干部和教师；乙班的学员多是来自高等学校的教师，主要培养方言调查能力。学员按籍贯分组，因为我是浙江人而在山东工作，被分配在乙班方言混杂的那个小组，与贺巍、周同春等同组。甲、乙两班分别上课，乙班的课有周殿福的语音学、丁声树和李荣的音韵学和方言调查、徐世荣的北京语音。周先生的语音学课主要训练国际音标的发音和听音，我们天天对着镜子做口部体操，练习发音。我舌头不灵活，发不出舌尖中滚音［r］，成天"嘚儿嘚儿"地练，直到有一天居然发出来了，丁先生拍着我的肩膀说"会了会了"。

学期的后半段开始方言调查实习，要求每个小组记录一种方言，在本组学员中选择发音人。我被指定为本组浙江嵊县长乐话的发音人。过程是发音人和指导老师在课余时间先记音，然后再发给全组同学来记。指导我的老师姓任，是语言所的研究人员，和蔼可亲。每天晚上我和任老师记音的时候，丁声树先生一定会来指导。我的母语嵊县长乐话30个声母、54个韵母、8个单字调的音值，都是丁先生定的音。后来我将记录的《方言调查字表》整理了"同音字表"和"嵊县方言探索"两份作业，丁先生看得很仔细，提出了许多意见，例如声母表的例字要"表现尖团"等，使我受益终身。因为《方言调查字表》是按切韵音系设置的，做完这些，使我对丁、李两先生课堂上所讲的音韵学内容有了切实了解。第二期研究班毕业，我留在班里继续学习。丁先生让我参加语音班第三期的教学工作，成为一个组的语音学、音韵学和方言调查的辅导老师。我再次聆听了周、丁、李三位先生的讲课，调查实习时记录了云南保山音，发音人是范斐章。这次记音除了有疑难处请教老师以外，基本上是独立操作的。

1957年下半年回到山东大学，开始对山东省的方言进行普查。调查表是丁声树、李荣两先生合编的《汉语方言调查简表》（中国科学院语言研究所出版），共2136个单字、172个词或词组、37个例句。因为当时的方言普查是为推广普通话服务的，为便于整理同音字表并与普通话对应，还有一盒整理卡片与简表配套，2136张卡片都印有地点、单字、普通话读音等。记完单字，就要将字音都录到卡片上，将卡片分韵母，再分声母、声调排开，就可以顺利做同音字表了。做了同音字表，再按方言的韵母、声母、声调分别与普通话对照，求出方言与普通话的语音对应规律，进一步编写某某地区学习普通话手册。我们编写的《胶东人怎样学习普通话》1960年在山东人民出版社出版，我还写过单点的《无棣人怎样学习普通话》（未出版），后来主编的《山东人学习普通话指南》1988年在山东大学出版社出版。

我实地方言调查的起点是胶东。首次调查到莱阳，与青岛二中的王彩芹老师同行，我们记录了胶东地区10个点的方言。后来在这10个点的基础上，用17个点的材料写成我生平的第一篇论文《胶东方音概况》，由蒋维崧先生推荐刊登在《山东大学文科学报》1959 年第 4 期上。之后奔走山东各地进行方言调查。1958 年，由山东大学、山东师范学院（今山东师范大学）和曲阜师范学院（今曲阜师范大学）三校的高文达、张志静和我组成山东方言普查整理小组，集中在山东教育学院（今齐鲁师范学院），我任组长，对山东省 110 个点的方言普查材料进行总结，编写了《山东方言语音概况》（油印本）。原计划修改出版，因"文革"开始而中止。

1982 年、1994 年分别开始招收方言学方向的硕士、博士研究生。配合课堂讲授，每届都有方言调查实习，大多数是实地调查。其中 1984 年的一次调查则是受命于李荣先生。为《汉语方言地图集》的绘制，李先生命我沿山东西境往西调查河北方言。我和罗福腾、曹志耘一行三人，第一站到沧州。我们事先设计了统一的调查表格，这种表横排 23 列、竖排 15 行。竖列地名，可记 14 个点，很便于各地字音比较；横行每行 22 字，按古音系顺序排列，1200 个常用字，405 个入声字和一些有可能读音特殊的字排列在后，共 56 页，装订成册。见下：

地点	舵歌	罗	左	歌	可	河	破戈一	婆	妥	骡	坐	→22 字
献县	tuo⊃	⊂luo	⊂tsuo	⊂kə	⊂kʰə	⊂xə	pʰə⊃	⊂pʻə	⊂tʻə	⊂luo	tsuo⊃	→22 字音

我们三人人手一册分别记音，每记完一处音，都要总结这个地方的声韵调系统。历时两周，总共调查了 39 个点，回校后写成《河北省 39 县市方音概况》，其中声调部分着重探讨了古中入声调在邯郸一带消失的途径及其特点。此文于 1985 年提交第三届"全国汉语方言学会"，受到李荣先生的赞扬，1987 年发表于《方言》第 3 期。

奔走田野留下的记忆

李如龙（厦门大学）

一 国际音标不够用

记得参加方言普查时，第一次调查非母语是1960年去的福建省长汀县，从厦门乘汽车花了两天。到了目的地，教育局推荐了发音人长汀师范周晖老师，他是厦大抗战内迁长汀时中文系毕业的本地人，语文教得好，长汀话很纯正。一见到我这个小校友，他就非常热情，读字音、解释方言词都很耐心。我也把他当老师，听了音就模仿着发音并记下来，有疑问之处他都做了解释。长汀音系只有20个声母、29个韵母、5个声调，有好老师，我掌握得很快，一周后上街，就勉强能跟老乡说上几句本地话。作为初学者，这使我得到很大的鼓舞。白天记音，晚上整理材料，吃不饱饭加班也不觉得累，十来天就完成了任务。接着去调查连城话，连城话音系也简单，只是元音有点怪，也很快做完了。这两个点都有典型的舌叶元音，当时我找不到音标记，长汀用 [ɿ] 来代替，连城用的是 [ɯ]，这个问题一直在我脑子里转了30年，后来在上海的一次会议上才提出设计舌叶元音的建议。

二 闽北探宝的快慰

方言普查发现，原把闽北、闽南划为两个方言区不妥，福州一带是闽东，建州府的闽北和福州厦门的差别更大。1973年我转到福建师大，动因之一就是想多调查闽北、闽东方言，20世纪80年代在建瓯和泰宁办全国性方言班也是想多了解闽北。后来还带了修方言的本科生去调查浦城县内6种方言，经过1个月的训练，竟有3个学生毕业后为他们家乡编出方言志，这使我很高兴。那些年我自己是逐个县跑，常是除夕鞭炮声响起才回家。我追踪了闽北16个县的30多个字读为［s-］声母的现象并写成了论文，1981年在第15届国际汉藏语学会上发表后得到好评，又一次给了我很大鼓舞。我陆续获知，浦城吴语全浊都清化了，城南的石陂闽语却保留全套浊音；原邵武府的闽语已经赣化，由于没有听过透定母读［h］的音，在泰宁调查时，把"头［h-］、喉［x-］"都标为［h］，半天后发现有别加以订正；尤溪的汤川话明明是闽语，却有［f］［v］声母和［ɕ］［θ］的对立。在永安、大田、尤溪交界处的10个乡说的"后路话"中，还发现了闽语少有的小称变调。我所编已出版的福建县市方言志共有14种，其中10种就是闽北方言。面上比较能发现许多奥妙，点上深入调查还会有更多发现。建瓯府城，我去过多次，还和潘渭水合编过建瓯方言词典。我喜欢考本字，先后确认了"猪"说"豨"（诗经有"封豨是射"）、"谁"说"孰"，都是上古说法；"打"说"掅"（广韵莫白切，击也）、"稻"说"禾"、"玩儿"说"嬉"是中古说法；"他"说"渠"、"那"说"兀"是近代汉语。"东西"说"物事"

见于吴语，雌性后缀"嫲"见于客家话。可见闽北词汇是历积古今、兼收南北的。发掘闽北宝藏，使我获益良多。

三 追寻移民史，组织小分队

1998年我转到暨南大学，岭南和东南亚的闽、客方言早就吸引着我。在潮州、雷州和琼州调查闽语时，一路上都听本地人说他们祖上是从莆田荔枝村迁去的，族谱中也确有记载。后来我查阅了历代地理志，果然宋代分出兴化军后人口一度下降，而潮州人口剧增，后来雷、琼的人口则骤增七八倍。我又拿莆仙方言的特征词到这一带调查，发现称"桌"为"床"是一脉相承的，其余闽语、非闽语都未见。还有惜（疼爱）、帕（裤兜）、地生（花生）、白肉（肥肉）、飞鼠（蝙蝠），也是莆仙方言跳过闽南传到潮、雷、琼的。这是用方言特征词论证移民史的很好的例子。在广东招收了几届硕士生和博士生后，面对着大量急需调查和训练的任务，我便把他们组成小分队，先后到湛江、海口和深圳，和发音人同住宾馆，分头做调查，十来天就能有批量的收获。《粤西客家方言调查报告》就是这样编出来的。后来又通过对东南亚闽、客方言几个点的调查，编了《东南亚华人语言研究》。从1992年的《客赣方言调查报告》算起，我领着学生做田野，调查成果出版的专书共有11本。

四 从行外的质疑得到启发

20世纪60年代做方言普查，其目的明确要为推广普通话服务，我曾经带着大学生到三明工地教民工学拼音扫盲，利用方言与普通话的对应规律教普通话，叫作"三结合注音识字"，在夜校学一个多月就能脱盲。文改会主任胡愈之来福州检查工作时，我去汇报还受到表扬。后来的方言调查又走上学术之路了。有一次在闽东调查时，遇到一位体育教授，问我来干吗，我说调查方言。他不屑一顾地说，土话有什么可研究的？我告诉他，在福建，桌子邵武叫"盘"，那是先秦席地而坐时说的，他说的莆田话叫"床"，是低的，唐代以后有了长腿才叫桌子，原先写为"卓"就是取的"高"义。也有叫"枱"的，是固定在窗后或墙角的。我还告诉他，"玩儿"在闽方言中就有七八种说法。他恍然大悟说，方言里还有这么多的学问！后来我就想，很有必要写一本用方言事实讲福建历史文化的书。福建师大办了福建文化研究所，让我当副所长，我就写了《福建方言》，用方言事实把福建分为四个文化类型区：以福州为中心的闽东是"江城文化"，闽江和千年省城是闽东文化之根源；抱着"敢死才会赢"的信念走遍东南沿海又奔向南洋的闽南人开辟的是海洋文化；"逢山必有客，无客不住山"的闽西客家，数百年经历的是移垦文化；闽北向有绿水青山，从未有过饥荒，人们则坚守着"地著"的青山文化。近些年来，学者们透过方言发掘宝贵的历史文化遗产，已引起社会的广泛关注，真是令人欣慰。

五　汉语语言学的最佳入口处和十字路口

李荣先生常说，做方言调查可以得到全面的语言学的训练。60年的田野工作使我体会到，汉语方言如此丰富多彩，确是研究汉语语言学的最佳入口处。经过田野调查的严格训练，记音，整理音系，收集词汇和语法例句，分析词义和句法都能过硬，便走到了通往汉语的理论和应用研究的十字路口。丰富的汉语方言对于汉语语音、词汇、语法的现状和历史研究乃至汉藏语比较，都能提供宝贵材料和崭新思路。近 20 年间，我透过汉字和汉语的相互作用研究汉语的特征，2018 年出版的专集《汉语特征研究》就得益于方言语料的启发。在应用方面，努力保存方言将会使语言生活更加和谐，文化生活（方言文艺）更加丰富；利用对应规则可使母语教育提高效益；做汉外对比还能做好汉语国际教育；方言文化的研究对民族文化传承和发展也是必不可少的。在我国"语保工程"方兴未艾之际，联合国教科文组织和教育部不久前在长沙举办了世界语言资源保护大会，发出了"保护和促进世界语言多样性的岳麓宣言"，我们希望，这将会给汉语方言调查研究带来一个更加多彩的春天。

两次田野调查纪事

沈明（中国社会科学院语言研究所）

实地调查方言，第一次是 1987 年的 10 月，最近一次是在 2018 年的 5 月。三十二年间，几乎每年都出去调查，前二十年基本上在山西晋语区，后十年在皖南徽语、吴语区，还有湘南土话区。

1987 年我正在读硕士生二年级。10 月下旬，钱曾怡师带我们到山东即墨调查方言。当时即墨县志办正在重修县志，方言志部分需要找专家撰写。两下里一拍即合，他们管吃管住，钱师带着我们写方言志。一行七人，钱师带队，赵日新、扈长举和我三人是方言方向的，另外三人是汉语史训诂学方向的。听说要去二十多天，大家很是期待，也很兴奋。

先从济南坐八个小时火车到青岛，接着坐两个小时的吉普车到即墨。钱老师和我都晕得厉害，一路上脸色苍白，咬着牙深呼吸。到县政府招待所安顿下来一个多小时后，即墨县志办的同志来陪我们吃晚饭。席间发现赵日新喝酒有量，他总是笑眯眯地替钱师和我喝，很享受的样子。从那时候起，饭桌上只要有赵日新，酒都由他替。

招待所在县政府的大院里。进门走廊居中，朝阳的一面住人，背阴的一面是公用卫生间。四张单人硬板床靠着屋子的四角，不时有不认识的人入住。公共浴池也在院子里，每周开一次。钱老师的单间每天有热水。她知道我的习惯，便邀请女生上她的房间去洗澡。饭菜也不错,让我们这些长年吃食堂的学生很满足。顿顿有鱼,清蒸鲅鱼最常见。钱老师说不好吃,像馒头。刚开始不觉得,一个星期之后还真的是不想吃了。

调查场所好像是一间会议室。屋子大,桌子也大。调查表是钱师特制的,大8开纸两张接在一起。先是单字,表头是汉字,字下用小字标明音韵地位。下一行空着,用来记音。然后是连读变调组合,按声母清浊和古四声分成64种。再后是轻声、儿化表。最后是词语条目表和语法例句。所有的内容订成一册。我最怵的是记声调和声母。听调我一向发怵,大三上选修课的时候,降调31和升调13有时候会听反,由此落下心病。好在即墨话只有阴平213、阳平42、上声55三个调,调型差得远。声母塞擦音有五套,分别是［tθ］组、［ts］组、［tʃ］组、［tʂ］组、［tɕ］组,别的没什么问题,就记那［tʃ］(知三章如"蒸")和［tʂ］(知二庄如"争")还是心虚。后来钱老师让我帮着另一位同学记,才心想可能是记对了的。赵日新呢,听调尤其厉害。不过,长篇语料里有"老李",他记的是［⁻nɔ ⁻ni］。好在即墨话跟北京话一样,［n］［l］分得清清楚楚。调查结束后分头整理材料,钱师安排我负责同音字汇,说同音字汇最重要,也很难做好。我心想:把所有材料里同音的字归到一起,就是个力气活儿,不会太难吧?后来才懂得,钱师说得对!好的同音字汇考验的是调查是否到位,这需要调动调查人所有的学术积累。

晚饭后散步,大街上清冷又寥落。钱老师讲了不少逸事,很感慨地说:你们运气太好啦!当年带着小罗(福腾)、小曹(志耘)出去调查,可苦啦!……小罗、小曹可用功了,都累病了。钱师会惦记着给我们买水果,有一次还说要请我们看电影。二十多天过去，不仅我们像一家人，和县志办的韩乃桂、邵立教两位主任也熟悉起来。二十多年后，韩主任病重，钱师专程到即墨探望。说起韩主任与疾病抗争的事儿，感慨万千。

此番调查的成果编成了《即墨方言志》，其中一部分成了县志里的方言志。校样出来的时候，我们都已经毕业，各奔他乡。事后听说，是当时在读的研究生刘祥柏专门赴京校对、核红的，但我们好像从来没有当面谢过他。

最近一次调查是 2018 年 5 月底到 6 月中旬，在内蒙古察哈尔右翼后旗白音察干镇。我和博士生王婧是第二次来，博士后邓婕、沈丹萍和 9 月即将入学的博士生赵国富则是第一次。我们坐了六个多小时的长途汽车，越走人越少，地越广。

这儿的方言属于晋语张呼片，表面上看不复杂，深挖下去才会碰到有意思的现象，零零散散的。此次调查一来核对上一次调查整理好的同音字汇、词语条目，二来补充调查语法例句和话语材料。所有的程序都跟三十二年前在即墨一模一样。问什么，怎么问，为什么问，很想让学生们一下子就掌握。急火攻心的时候，便使劲回想当年我发蒙的感觉，以及钱师的教导。经常想，这种匠人干的活儿，靠的是积累和匠心，想创新还真就没那么容易！

晚饭后也散步，我也聊逸事。大街上干净又安静，天蓝圪茵茵的，云白圪墩墩的，阳光亮红亮红的，大风呼呼啦啦的。学生们发的朋友圈里，最常见的就是蓝天白云，"中国结"形状的路灯，还有远处的风车（现代化的风力发电设备）。

和三十年前相比，最大的不同有三点。一是方言本身的变化太快。理想的发音人越来越难找，年轻人对过去的生活内容的了解越发的不足。二是钱多。调查时间、调查地点的选择高度自由。宾馆、小饭店随处可见，饭菜味道不错还不贵。三是日子过得越来越讲究。到的当天，学生们在超市买了酸奶，每天一盒；还网购了娃哈哈纯净水、补水面膜和润唇膏；随身带的眼霜、护手霜什么的也都是国际大牌。把钱花在这些地方，我这个年代的女性是想不起来的。不过，好日子到底是诱人，我很快就照着做了。

调查方言容易上瘾，方言又消失得太快。所以趁现在，钱多，人"傻"，快来！

南澳岛田野调查追记

林伦伦（广东技术师范学院）

自从海南岛从广东省分出去独立建省以后，南澳岛就成了广东省的第一大岛，而且还是唯一的海岛县。1949 年以后，南澳岛一直是个边防岛，上岛须持有边防通行证，所以她总是披着一层神秘的面纱，就像经常笼罩在岛上的缭绕的云雾一样。

所以，尽管 1985 年暑假就到汕头大学任教，但一直到 10 年后，我才开始在南澳岛进行方言调查。

早就听南澳的学生说过："南澳有三土：姿娘叫媠嬷，水鸡叫蛤牯，鯠鱼叫蚬脯"（[1am$^{55-11}$ o^{213} u$^{35-21}$ sã^{232} t^{h}ou^{52}：tsɯ^{232} niõ^{55} kio$^{213-55}$ tsa^{232} bou^{52}, tsui$^{52-35}$ koi^{232} kio$^{213-55}$ kab$^{21-45}$ kou^{52}, ziu$^{55-21}$ hɯ^{55} kio$^{213-55}$ nin$^{52-35}$ pou^{52}]）。还听说，因为驻岛部队的原因，南澳岛菜市场的计量单位是公斤，这在粤东方言区里，也是十分特殊的。后来又在《韩山师范学院学报》上阅读了许泽敏老师的一篇介绍南澳岛汉语方言语音特色的文章，对南澳岛方言的复杂性产生了兴趣和前去调查的冲动。那时候也没有考虑所谓"立项"不"立项"，有兴趣就去。而且，南澳岛已经是个自由岛和夏季的旅游胜地了，什么时候都能去。

在做了一些包括旧县志在内的文献资料的收集和阅读之后，1995 年暑假，我便第一次到南澳岛做方言调查。经朋友介绍，岛上的著名渔民作家林松阳同志成为我的第一个发音合作人。

松阳叔出生于 1932 年，比我老爸还大一岁，那时候是 63

岁，正是"老男"发音人的最佳人选。他只有小学文化，但自小跟着大人出海打鱼，渔业生活丰富，肚子里有许许多多有关大鱼小虾的民间故事，渔业谚语张口就来。他把这些故事写出来，投稿到了省城的文学杂志，在著名的潮汕籍散文作家秦牧先生的帮助和指导下，还真的发表了，而且是一篇接着一篇发表，后来又结集出版，成为广东省著名的渔民作家。

松阳叔陪我走遍了南澳岛的著名景点和具有历史文化意义的角角落落，如总兵府、雄镇关、贵丁街、宋井、青澳湾等。录音大部分是在上午和晚饭后进行的，我们一共录了20盒磁带，包括《汉语方言调查字表》《汉语方言调查词汇表》等。

调查词汇表的时候，进度比较慢。一是鱼类、贝壳类的名称，南澳岛的俗名与学名相差较远，与南澳隔海相望的我的老家澄海叫法也有不同，经常要找来活鱼真贝看看才能对上号、搞清楚。二是松阳叔话题经常走岔，冷不丁说到一个什么词触动他的记忆点，他可能就会联想到渔业谚语或者气候谚语什么的，就讲一大堆出来。后来，我干脆让他把鱼名、贝壳名和渔业谚语梳理出来，然后我专门去请教了岛上的鱼类专家欧瑞木先生，他有不少挂图，可供辨认。最后，我才和松阳叔专门用两天的时间把渔业谚语录下来。

此次的田野调查，收获的不仅是20盒录音磁带，而且还有与松阳叔的深厚友谊。此后每到寒暑假，他总是打电话问我："怎么还不来啊？"可惜1996年暑假后，我的职务文学院副院长"转正"，杂务繁多。直到三年后的1998年，想把南澳岛县城后宅镇的音系整理出来，才又上岛几天，校对了一些字音。

时光荏苒，一晃就好几年过去了。2002年，林春雨同学考上了我的硕士研究生，她的老家澄海县盐鸿镇与南澳岛一水之隔。我便把这个没有做完的课题交给了她，并作为她硕士论文的题目。南澳岛上说的虽然都是闽方言，但事实上有三个不同的音系：县城后宅镇的音系，与广东省饶平县闽语接近；云澳、青澳镇音系，与闽西南诏安、云霄音系接近；总兵府（旧县城）深澳镇音系，是前两个音系交融折合的一个音系。后宅、云澳音系的不同，源于移民群体的不同。清朝总兵府管辖的士兵，一半来源于粤东的饶平县等地，一半来源于闽西南诏安、云霄等地。这些籍贯不同的士兵，是分营管理的，退役以后就地安家立业，自然而然地成为当地居民。久而久之，就在这小小的南澳岛上形成了这样的方言地理格局。

我原先的录音带，由于家住一楼，没有保管好，发霉作废了，只剩下一些纸质的记音材料。林春雨同学只能带着新型的数码科技产品——电子录音笔去录音了。

2002年8月至2003年8月，我受委派到澳大利亚悉尼大学做访问学者。在我出发前，我们师徒制定好了一个调查大纲，调查全是林春雨同学一个人在亲友的帮助下进行的。除了林松阳之外，她又找了许助、杨赛月、何泽娜（以上为后宅镇）、张六、薛庆鸿、陈少娟（以上为云澳镇），吴若坤、张宗良、康厥德（以上为深澳镇），吴木兰、吴明云（以上为福建省诏安县）等为发音合作人，做了比较详尽的调查录音。

2003年8月初回国时正值暑假，我学校里的工作也还没有开始。为了不耽误林春雨同学的硕士论文写作，我太太做司机，陪我们上岛进行录音校对和一些资料的补录工作，松阳叔也几乎是全程陪同。

这次田野调查记音最深的印象，是一次冒险的经历。有一天夜里，从后宅调查完了要回我们的住宿地青澳湾，我太太开的车。环岛公路上有一个陡坡，往下走的时候车前的大灯照不到前面的路，车慢慢地往下走，我们坐在车里也不知道危险。回到酒店，我看太太脸色铁青，半天不吭声。一问，她才说刚才吓死了！那个坡太陡了，车就像要掉下去一样。她不敢刹车，就任车子往下走，幸亏命大，平安无事。此后的几天，一到夜里，我们宁愿多绕岛半圈也不敢走那个坡了。

经过两代人近十年陆陆续续的田野调查，我们终于把南澳岛方言的调查做了个七七八八了。我们分别发表了《广东南澳岛闽方言语音记略》（《汕头大学学报》2005年第2期）和《粤东的一个福建闽方言点：南澳岛云澳话语音研究》（《方言》2006年第1期），并于2007年出版了《广东南澳岛方言语音词汇研究》（中华书局，华夏英才基金学术文库）。

初识"后山人"

陈晖(湖南师范大学)

乡话是一种处于濒危状态的汉语方言,主要分布在湖南省西部的沅陵、泸溪、古丈、辰溪、溆浦、永顺等县。我第一次调查乡话是2004年6月,最初只是为了顺利完成曹志耘先生主持的"汉语方言地图集"项目中湖南的调查任务,跟曹老师一起在古丈岩头寨做的一个试调查。没想到一接触乡话便被深深吸引,完成该项目古丈、沅陵乡话的调查任务后,我开始重点关注泸溪县乡话。

泸溪县说乡话的有的居住在沅江及其支流附近,被称作"河边人",1982年王辅世先生《湖南泸溪瓦乡话语音》文中记录的红土溪乡话便属于河边乡话;有的居住在天桥山之后,被称作"后山人",梁家潭、八什坪一带的乡话就属于后山乡话。2004年8月,我开始了对后山乡话的调查,以梁家潭乡灯油坪村为重点。

我先请当地民政局的朋友物色了几位发音人,当我提出要去村里见发音人并住在那里调查时,民政局的朋友说,村里及附近集镇都没有旅店,村民家也不方便住,他们只能派人陪我去村里看一看,然后把发音人接到县城来调查。

陪我一同下乡的是民政局安置办的唐荣生主任,出发前,唐主任反复交代,到梁家潭后,不要吃那里的东西,不要喝那里的水,那一带有人放蛊,放蛊之人把一种特制的药粉神不知鬼不觉地投到食物之中，一旦中蛊便会受到放蛊者的控制。有人放蛊？我充满好奇。在古丈初次接触乡话时，我便对这种语言充满了好奇。没想到到了这里，又能接触神秘的湘西文化，我惊喜不已，丝毫没有谈"蛊"色变，倒想起了沈从文《湘行散记》中的一段话，在外人看来，"湘西是个苗区，同时又是个匪区。妇人多会放蛊，男子特别欢喜杀人"。甚至联想到，沈先生《月下小景》里寨主喂给苗女的毒药该不会就是一种蛊吧？

从县城到梁家潭大约 42 公里，全是盘山的沙土公路，坑坑洼洼，很不好行驶，马路两边是稀疏分布在崇山之中的木屋。唐主任告诉我，说乡话的人主要居住在马路右边，马路左边是说苗语的，说乡话和说苗语的人通婚较多。我们早晨 8 点半从县城驱车出发，临近中午才到达。村支书带我们去了发音人杨民梓先生家，一座破旧的老木屋，房前屋后堆满柴火，屋内光线幽暗，主人没有邀请我们进屋坐，客气地问了句要不要喝水，便搬来小板凳，坐在屋外走廊上与我们交谈起来。杨先生是一位理想的发音人，他是灯油坪村小学的退休教师，不仅乡话纯正，而且能够明确区分乡话说法和客话（这一带的客话主要指泸溪县城话）说法；还能够告诉我哪些是老辈的说法，哪个说法现在年轻人不知道了，老辈把"乡话"叫"躴客话"，把"客话"叫"大客话"就是杨民梓先生告诉我的，现在很多年轻人都不知道这种说法了。

在乡话地区，绝大多数人都是双方言者，他们对内说乡话，与外界沟通交流时，用乡话以外的另一种方言，俗称客话。此行有些遗憾的是，没能找到一位只会讲乡话，完全不会讲客话的人。

我们把发音人杨民梓先生接到县城的宾馆，从8月19日至30日，完成了《方言调查字表》的记音，同时，还调查了部分词汇和语法条目，初步整理了同音字汇。我后来又陆续去泸溪调查过几次，每次都是把发音人接到县城来。

再次到梁家潭乡已是2013年7月，时隔九年，变化真大。这次去带了两位学生，一到县城我就试探着提出希望能住到梁家潭乡，县委宣传部的王慧副部长毫不犹豫地答应了，当即联系安排在乡政府吃住。15日早晨8点半驱车从县城出发，40分钟左右就到达目的地。道路依然弯弯绕绕，但全是柏油马路，很平坦。道路两旁老旧的木屋已经鲜有人居住，新增了不少砖瓦楼房。到村里聊起放蛊时，人们告诉我，那是过去的事。现在，放蛊已成为一种笑谈，完全没有了神秘和恐惧。九年时间，这里发生了飞速的变化，交通便利了，人们的生活水平提高了，思想观念进步了，但是，乡话的生存状态越来越令人担忧。我们在梁家潭中心完小调查了12位会说乡话的孩子，这些孩子在学校都不说乡话，他们的老师课堂教学一般只用普通话，偶尔用客话解释。这与当年杨民梓先生从教时"课堂教学以乡话为主，偶尔用客话"大不相同了。

再次到梁家潭时，杨民梓先生已因病过世，我们找到了他的堂弟杨明家先生。杨明家先生1953年出生，比杨民梓小9岁，也是一位非常理想的发音人，他思维敏捷，理解力强，最为可贵的是，能够充分理解我们研究的意义，有一种传承和保护乡话的责任感和使命感，这使我们的调查非常顺利。

住在当地做方言调查，有得天独厚的优势，这种优势在词汇和语法调查时更加明显。每天吃饭后，我们都会跟发音人一起到山间、田地、农家散步,见到认识的、不认识的事物都详细询问乡话说法,收集到了不少用词汇调查表难以调查到的乡话词语。听人们轻松自然的聊天,话家长里短,捕捉到了不少用语法例句、特定话题难以调查到的地道表达。

从 2013 年起,我每年都会去梁家潭住上十天半个月,乡话的新奇、神秘已变为熟悉、亲切。每次去梁家潭都会有新的收获,每次去都能感受到新的变化,希望梁家潭的青山绿水永不变,人们的淳朴善良永不变,乡话的"佶屈聱牙"永不变!

燕话如伤旧时春

肖萍（宁波大学）

2016年1月，我一接到国家语保中心交给的燕话调研任务就着手准备落实发音人之事。

慈溪市观海卫镇的燕话，是一种使用群体非常小的濒危方言，该镇会说燕话的主要集中在卫西、卫北两个自然村，而能熟练说燕话的人已寥寥无几。在打听到了这两个村村支部书记的联系方式后，我满怀激情先联系卫西村，没想到好不容易拨通村支部书记的电话时，对方竟以忙为由拒绝了。工作刚开始就吃了个闭门羹，我心里很不是滋味。担心卫北村也出现同样的情况，于是我做了一些功课。听夫人说她有位同学与观海卫镇原人大主席阮万国比较熟悉，通过这位同学帮助，在阮主席与卫北村巴国庆书记沟通后，我赶紧与巴书记取得联系。巴书记心胸豁达，热情很高，当即表示："这是一桩大好事，即便阮主席不说，我也会全力支持。"燕话调研算是开了个好头。

燕话调研之苦，除了符合要求的发音人少之又少外，还苦于发音人没有保护与传承燕话的自觉意愿，他们对高规格的调研抱有期待。燕话的调查对象以农民为主，其中老年发音人文化程度相对较低，有的是文盲，有的只读了两三年书，能完整读完小学就算是很有文化的。第一次召集燕话发音人开会，我们一行三人前往，夫人负责开车，父亲负责摄影，我负责落实发音人并交代调研任务。我们召集发音人在观海卫镇教办开了一个工作推进会，会议结束不久就听到一些杂音。有的发音人认为，以前档案馆组织摄录燕话都是文化局和档案馆领导亲自接待的，可是我没有行政头衔，于是他们错误地认为我们的燕话调研只是一种个人行为，政府并不重视，因而参与热情不高。燕话调研牵涉面广，被调查人员多，实际调研就我一人，加上一两个学生帮着摄录，忙时真有些应接不暇。为了保证音像质量，摄录时要求背景噪声音量控制在-60dB以下。我们的摄录时间正好在暑假，蝉鸣声、汽车喇叭声等噪声不好控制，在观海卫摄录难以符合要求，当时我校人文学院又没有好的摄录场所，只能借用宁波大学外语学院顶楼的演播室，将发音人集中到宁波大学来摄录。工作时，为了避免干扰，只允许一位发音人在楼上摄录，其他发音人须在楼下等候；时值盛夏酷暑，演播室虽有空调却不能开，当时我没有经验，不知道采取在室内放冰砖等措施降温。有一次方言发音人竟然在聚光灯照射下，热得晕了过去……如此种种，导致发音人满腹牢骚，甚至责怪学校不重视，大热天也不见一个领导来看望。语保中期检查后，发现已摄录的音视频存在一些问题，本想利用国庆假日补拍，可发音人不同意，说节假日要休息，我只好节后调课完成补拍任务。去观海卫调研的那些时日，我每天早出晚归，中途要转几趟车，车的班次又少，个中辛苦发音人全看在眼里，后来他们才渐渐对我的调研工作表示理解并积极给予配合。

　　燕话调研之乐，在于收集语言事实本身。燕话是明初镇守观海卫的官兵、眷属及其后裔所使用的一种方言。历经数百年的发展演变，现在的燕话已经不是传统意义上的某一种典型方言，它是闽东方言与观城吴语深度接触后的产物，具有混合型方言的特点。就现状而言，闽东方言是外来的，属于弱势方言；观城吴语是当地土语,属于优势方言。两种方言相互接触后带有各自的一些特点。以词汇为例,燕话的词汇既反映了吴语特征,如揿按、掼扔、忖想、庵住、驮拿、跍蹲、筲斜、钿钱,也反映了闽语特征,如鼎锅、厝屋、囝儿、犬狗、喙嘴、骸脚、悬高、拍打。再如:观城吴语形容猪等动物"肥"或人"胖"时说"壮",而燕话仍保留闽语的特征说"肥",可在语音上又带有吴语的特征,声母是浊辅音。燕话是非物质口头文化遗产,是宁波方言文化的一颗明珠。燕话发音人一般是双方言使用者,既会说观城吴语,也会说燕话,而且说观城吴语的能力强于说燕话的能力。在调查口头文化时,方言"老男"发音人周思尚准备了很多材料,包括谚语、谜语、歇后语等,他可以熟练地用观城吴语说,而用燕话却大多无法表达。燕话歌谣很少,燕话口头文化实际上已处于濒危状态。调研中,我根据《中国语言资源调查手册·汉语方言》,完成了语保工作所需要的调查内容;根据《方言调查字表》,整理出了燕话口头表达所能说的字音;根据《汉语方言词语调查条目表》,调查了表中所列的全部词条,并补充了当地与农业有关的一些特色词语。在卫北村村委会楼上,有一个器物陈列馆,我们逐一拍摄并打印图片请发音人用燕话写了出来;还调查了《汉语方言语法调查例句》中的若干语法条目,收获颇丰,乐在其中。

自燕话调研课题立项以来,我们得到了慈溪语委干部马拉吉、慈溪电大任央君副院长、观海卫镇语委叶始昌主任和以陈金忠老师为代表的观海卫教办的大力协助,得到了卫北村以巴国庆书记为首的村领导的热心支持。他们在人前幕后做了大量工作,包括说服劝导、后勤保障、多方协调等,没有他们的帮助,燕话调研任务是无法完成的。谢谢他们!

烛光晚餐

曹道巴特尔（中国社会科学院民族学与人类学研究所）

2017年7月29日下午，天山镇上空乌云密布，阵阵凉风吹拂，给人以清爽的感觉。"语保工程"蒙古语阿鲁科尔沁土语课题组和摄录组来此地工作已有12天，为了收好关，姑娘们进入录音棚已经有好几个小时了。地面上的凉爽空气与她们无关，她们也不关心这个，让她们最闹心的并不是录音棚内的闷热和难闻的霉味，而是过路车辆时不时制造的噪声。

录音棚是旗文化馆白音查干的音乐制作基地，位于天山镇广场西北侧靠马路边一栋楼的地下一层，地面上一层是白音查干的文化服务社。录音棚密封效果还可以，只是在靠马路的位置安装了一个连接地下室和地面的通风管，一般音乐录制不太考虑地面噪声，可是"语保工程"的语音录音不允许有一点杂音困扰。

"地普（地方普通话）"发音人宝音乌力吉在一家蒙古餐厅准备了晚餐。我跟白音查干一起在文化服务社等待地下室的人们完工出来。外面暮色降临，远处不时传来阵阵雷鸣声，白音查干拉开了电灯，把一把吉他放在了店铺的柜台上，那是跟随他几十年的宝贝，他的成名曲《车夫的愉悦》就是弹着这把琴在20世纪80年代创作的，曾一度在整个内蒙古流行，那时候的他是旗人民政府司机，很年轻，刚20出头。

看样子马上要下雨了，我俩决定下雨之前赶往餐厅。我给课题组乌云娜布其发了微信，让她们录完了直接去餐厅。

我俩刚进入餐厅就下起了倾盆大雨。宝音乌力吉说:"北京的客人带来了吉祥的雨水,你们来的时候下了阿旗第一场雨,走的时候下起了第二场雨。"这是草原人民吉利的话,是一种暖人心的文化传统。也是巧合,在7月19日从赤峰出发到天山,一路下雨,据说是干旱的赤峰草原入夏以来迎来的第一场大雨,对于草场牧草的长势来说,这场雨水意义非凡。

外边下雨声很大,晚上8点半的时候发音人忠乃领着姑娘们出现在了餐厅雅间门口,有一种成功的喜色写在了蒙古人脸上。忠乃用雨衣裹着他心爱的四胡抱在胸前,那是蒙古族手工制作乐器之一,内蒙古东部地区蒙古人说唱"好来宝"和"乌力格尔"的时候都用这种乐器。

摄录组的姑娘们很兴奋,她们为如期完成了阿旗的摄录任务而高兴。忠乃也很高兴,他热情地邀请大家明天跟着他去罕山,接受大自然的灵气。

不久,热腾腾的奶茶、手把肉、奶油炒米等美食陆续摆上桌面。当宝音乌力吉打开了烈酒和红酒开始致辞的时候突然停电了,屋里一片漆黑。这个时候老板娘拿着手电筒过来,递给我们两台蜡烛,告诉大家说:"据说雷击导致了电网瘫痪,可能一时半会恢复不了。"

我们点起了蜡烛,烛光照射着人们的脸庞,忽阴忽晴。大家品着美酒,尝着美味佳肴,气氛无比融洽,充满着一种诗意。欢乐的气氛很快把人们带进了蒙古人欢聚必有环节——歌舞升平。白音查干首先弹起了吉他,我们几个蒙古汉子一起唱起了《幸福的牧马人》《母亲》等歌曲。

摄录组的黄烁炎是广西河池壮族姑娘,黄莹洪是广西玉林汉族姑娘，朱瑞是内蒙古通辽市科尔沁左翼中族人，她们都听不懂蒙古语，也不太了解蒙古文化，但是此时此刻热烈的气氛感染了她们，她们闪烁着幸福的目光，在内蒙古小镇一家蒙古餐厅里静听一首一首的蒙古歌曲，歌词已经不重要了，美丽的旋律给她们带来了艺术的盛宴。宝音乌力吉风趣地说："这是我特意安排的，是我让旗长停电，用烛光晚餐的方式欢送首都的客人，感谢关注蒙古语，关注阿鲁科尔沁人的文化。希望你们记住这样一个下雨的夜晚，这样一个点着蜡烛唱歌喝酒的场面，这样一个文化工作者、学者、牧民朋友一起唱歌的经历。"

接着忠乃拉着四胡演奏了阿鲁科尔沁长调民歌，大家一起唱了《达雅波尔》《诺恩吉雅》等东部蒙古民歌。忠乃是个牧民，当过嘎查达，就是村委会主任，多年来琢磨过各种致富之路，是一位思想活跃、思维敏捷的老哥。他生于1960年，57岁，是最理想的民族语言、民族文化发音合作人，也是7月17日课题组乌云娜布其和娜日格乐二人从三位候选人中挑选出来的发音人。姑娘们亲切地叫他"大爷"，就是"伯伯"的意思。当宝音乌力吉把第一杯酒敬给忠乃的时候，乌云娜布其说："大爷不会喝酒。"宝音乌力吉和白音查干交换了一下眼神，哈哈笑起来。忠乃嘿嘿笑着接过了酒杯。原来忠乃为了不影响录制质量，当孩子们建议"最好不要喝酒"的时候，他就跟她们说："请放心吧，我是从来不喝酒的。"

从宝音乌力吉手里接过酒杯，忠乃说："我今天很高兴，为了守住我的承诺，我在这十多天滴酒未沾。今天很特别，我要庆贺课题组的工作圆满完成，也要庆贺自己为国家做了一件有益的事情，这对于一个牧民来说是很大的荣誉。曹道巴特尔教授告诉我，国家语委要颁发荣誉证书，课题组还要给我支付发音费。其实，我看重的是荣誉证书，等它来我就装上相框，挂在家里的墙上。"

雨仍然下着，当我们合唱《阿鲁科尔沁美丽的家乡》的时候电灯亮起来了。电来了，烛光晚餐也在愉快的欢笑中结束。雨仍然下着，语保在征途上……

难忘的几次跨境语言调查

刘劲荣(云南民族大学)

故事一 2011年4月,我和夫人张琪参加完美国马里兰大学语言学国际学术研讨会后,迫不及待地赶到加利福尼亚州维塞利亚镇(Visalia)进行美国拉祜族家庭母语传承情况调查。之前根据查阅相关资料得知,美国的拉祜族约有4000人,分别居住在加利福尼亚州、纽约市和明尼苏达州,其中大部分聚居在加利福尼亚州的维塞利亚镇,这里居住着500户2700人左右。我是生长在国内的拉祜族母语人,与美国的拉祜族从未见过面,虽然来之前用邮件告知对方到美国加州机场的时间和航班,但能否得到他们的认可并允许调查,心里老是忐忑不安。当天到达美国加州机场出口,忽然看到两位身穿拉祜族服装的男子,我急忙上去用拉祜语打招呼,对方热情地把我搂在怀里,说终于接到你们啦。我们坐上专门接我们的越野车,一路上用拉祜语进行了热情的交谈,走了两个多小时,到了美国拉祜族聚居区维塞利亚镇。主人家早就聚满了拉祜族同胞,我用拉祜语介绍了中国拉祜族概况,特别是拉祜族的历史与文化。他们听后倍感亲切,都说我是第一位来自他们祖先发祥地——中国的拉祜族,把我奉为祖先级人物,当成贵宾来接待,不仅送给我们亲手缝制的拉祜族服装,做传统的拉祜族饭菜,还一定要承担我俩往返的机票费用,让我们感动得热泪盈眶。我庆幸自己作为拉祜族的一员,还能完整地保留自己的母语,更佩服移居国外近百年的拉祜族同胞还能保留着自己的语言。我深知，是共同的语言使我们彼此高度认同。在接下来几天的调查中，在美国拉祜族同胞的热情帮助下，我们顺利完成了"美国加州维塞利亚镇拉祜族家庭母语传承调查研究"的调查任务。我常想如果自己把拉祜语丢失了，恐怕这次调查的结局就是两回事了。

故事二 2004 年 8 月，我十分荣幸承担了洛克菲勒基金会在东南亚地区的资助项目"应对全球化：大湄公河次区域少数民族传统文化与社会变迁研究"，使我能在大湄公河次区域遴选的少数民族地区，对全球化、地方主义和国家民族主义的影响进行比较研究。我主要负责泰国北部拉祜语言文化变迁的调查和研究任务，作为该课题研究的部分内容，受课题组联合单位之一泰国清迈大学社会学所的邀请，我对泰国北部的清迈府、清莱府的几个拉祜族村寨进行了语言文化变迁的调查，其目的是考察经济全球化对泰国北部拉祜族语言文化和社会的影响。清迈大学课题组成员观吉闻教授担心我不懂泰语，专门安排泰籍华人廖女士作为我在泰国调查期间的泰语翻译。泰国的拉祜族，主要分布在泰北的清莱府、清迈府、喋府和媚宏颂府，人口接近 20 万。我于 2004 年 8 月 19 日至 26 日，对泰国北部迈保朗村——清莱府温巴保县的一个拉祜族村，进行拉祜族语言文化调查，该村共有拉祜族 137 户，1000 余人。刚从清迈大学出发时，由于自己不懂泰语，担心无法与村民进行沟通，心想幸好带了一位泰语翻译。抵达村子后，通过与村民交流，了解到这里的拉祜族较好地保留着自己的语言，正好与我的母语——拉祜纳方言相通，我们用拉祜语热情地交谈起来，一下就拉近了距离。他们听说我是来自中国的拉祜族，纷纷向我打听国内拉祜族的情况，刚去的当天就交谈到深夜。出乎意料的是，陪我来做调查翻译的廖女士却失业了，她怕我早早打发她回去，十分勤快地为我打下手，由于这里的拉祜同胞大多不懂泰语，我还不断地给廖女士当翻译。接下来的调查十分顺利，较好地完成了"泰国北部拉祜族语言文化与社会变迁研究——以清莱府温巴保县迈保朗村为例"的调查任务。

故事三 2010年和2011年寒假，云南民族大学部分师生跟随戴庆厦教授参加了中央民族大学"985"工程的建设内容之———跨境语言调查。2010年1月19日至2月22日，在泰国清莱皇家大学的帮助下，我们又进行了为期一个多月的跨境拉祜语调查，回国后出版了近60万字的《泰国清莱拉祜族及其语言使用现状》。2011年1月15日至2月15日，在老挝南塔师范学院的帮助下，我们又进行了为期一个月的跨境克木语调查，回国后出版了近50万字的《老挝克木族及其语言使用现状》。连续两年春节在国外进行跨境语言调查，虽然远离家人，但感到从未有过的充实，特别是沉甸甸的书拿到手上时，是一种幸福和收获。两次跨境语言调查都是在戴庆厦教授的主持下完成的，戴庆厦教授作为世界级汉藏语研究专家，他不仅学问做得精深，还是一位慈祥的长辈和老人，特别是戴先生精益求精、一丝不苟的工作作风，深深地感染着我们课题组的每一位成员。记得在泰国调查拉祜语期间，戴先生每天要把课题组成员调查写好的稿子改完才休息，有时甚至改到深夜。我们更是不敢掉以轻心，一直等着改好的稿子返回，明确了第二天的任务后心里才能踏实。在老挝调查克木语期间，为了让我们捕捉到听音的技巧，戴先生让我们反复听反复记，有时不惜花费半天或一天的时间，参与的教师和同学都得到了从未有过的锻炼。能跟着80岁高龄的语言学大家戴庆厦教授进行跨境语言调查是我们的荣幸，一些调查的细节至今历历在目，这是我一辈子都忘不掉的经历。让我觉得十分幸运的是，以几次跨境语言调查所获得的研究成果为基础，2018年我申报的"东南亚跨境拉祜语比较研究"获得国家社科基金重点项目。感谢戴庆厦先生带领着我们走进了跨境语言研究的学术领域。

"走廊"上的寒来暑往

莫超（兰州城市学院）

"甘青民族走廊"处在甘肃、青海相邻的地域，是黄土高原与青藏高原的结合地带，是汉族、藏族、蒙古族、土族、撒拉族、保安族等民族共同生活的乐土，是调查研究汉语与少数民族语言接触变异的最理想的"富矿区"。笔者于2015年获批了一项国家社科基金项目"语言接触视域下的河州方言形成与演变研究"，于是开始了多次往返"走廊"的调研工作。2016年夏至2018年秋，笔者带着硕士研究生先后走访了"走廊"22个县市所属的54个乡镇，调查对象近百人次，调查的"工作室"既可以是招待所、小饭馆、杂货铺，也可以是大街边、菜市场，甚至修车铺、售药店等，不一而足。调查过程中所见所感良多，这里略举几个难忘的事例，与读者诸君分享。

2017年5月小长假，我们驱车到达青海黄南州同仁县保安镇。这个镇地处县境北部，人口以藏族为主。镇上有个被称为"混合语"的代表点——五屯（也称"吴屯"），在语言学界比较驰名。2004年我和一位同事曾来此做过调查，当时的调查对象是个乡村医生，极为热情，回答完我们的问卷后，再三要求我们买他儿子画的唐卡。虽然价格不菲，但我们不好意思不买，就每人买了一幅，他倒对我们千恩万谢的。相隔13年，再度来到保安镇，一开始却遇到一件令人好笑的事：我们走近路边，对几个围着小桌玩长页子纸牌的老者说起调查当地话语的事，并说希望找一位发音合作人。他们将信将疑地看着我们，我们则反复说明要付劳务费的。这时其中一位50岁上下的男子突然要我们拿出身份证看看，我把身份证给了他，没想到他很敏捷地拿出手机，将身份证拍下来，并质问我们："你们为啥要调查我们的土话？是哪个部门的？我们得给派出所说一下。"我们一下被他这样高大上的觉悟震住了！在索回身份证的过程中，他一直充满警惕。等我们终于在对面的一家小饭馆寻找到合作人并开始工作时，他还不断地朝我们这边张望。我们为此事失笑不已：看来我们来这里调查，还要具备做思想工作的本领才行啊！

2018年7月下旬的一天，我们驱车到青海省海东市乐都区达拉土族乡调查。这个乡地处湟水谷地北侧山地、沟谷地带。乡政府驻袁家台，距城区31公里，居民中土族占全乡总人口的33%。公路都是县道，狭窄且弯多，上午9点从区政府所在地出发，一直在大山的褶皱中向上匍行，12点半才到达。袁家台是一个环抱在山沟中的狭小村落，房舍稀疏，只见路边的一个小卖部不断有行人出入。于是我们来到这个小卖部里，没想到这个小卖部既经营百货，又从事手机贴膜、维修，还为村民上网提供有偿服务；同时代理乡邮等，名曰小卖部，实为多种经营的"大卖部"。小卖部里只有一个男主人忙东忙西，我们和他说起要找人调查当地话，但心想他这样忙，根本顾不上与我们"合作"。然而他却热情地安排我们坐下喝水，又叫过来两个妇女，一个50多岁，好像是他的姨妈，另一个30多岁，不知道是啥亲戚。好在她们都认得字，看着我们纸上的调查问句，明白我们的意思后，30多岁的那位女性马上就说出了前两个句子当地方言的对应说法，使我们为之一喜；很快，年长的那位妇女也参与了"合作",并且反应更快,于是我们都把注意力投放到后者身上。时不时,那位男主人也帮助说几句,但一直没放下手中的活儿。一个多小时调查任务就完成了,我们要给两位妇女支付每人50元酬金,没想到她俩居然很不好意思地推辞着。我说这是国家的规定,不能不收,她们却说:"又没动手做啥,嘴上说阵话还好意思要钱?"最后店主人说:"这实际上是要为我们做事,按理不能收钱。但上面规定是这样,你们还是收下吧。"我们想给他点场地费,他哈哈大笑着拒绝了。没想到我们走的这个最偏远的地方,却是个工作最顺利的地方。

2018年11月初的一天,我们驱车到青海省黄南藏族自治州尖扎县调查。在县城调查完已是下午3点了,又驱车前往县域南境的尖扎滩乡调查。尖扎滩乡距县政府57公里,一过黄河桥就是上坡路,全是土路,一直盘山到达山顶,却是一片平坦而开阔的地方,只是很少有人家,只见成群的黑牦牛,站着注视我们的车由远而近,又由近而远。雪花点点飘落,导航时有时无,我们只能顺着已有的车辙往前赶路。终于走到了山下,导航说目的地已到,但在为数不多的几处人家里,见到的都是藏民,说的安多藏语,我们只能交流少量的句子,很难进一步沟通。于是我们决定舍弃这一调查点,往贵德县城走。前行没多远,车突然走不动了,下来一看,前轮胎已完全破裂,罪魁祸首是路上锋利的乱石。已近黄昏,雪花纷飞,气温越来越低,前不着村,后不着店,又不会换胎,我们都发慌了。终于挡住了一辆面包车,便央求司机帮忙。这位藏族小伙子虽然汉语不行,交流不多,但诚心帮我们,他又挡下后面来的一辆小车,唤司机下来共同换备用胎。忙乎了20多分钟,终于换好了。这时我们才松了一口气,对他们千恩万谢,并给 150 元作为酬劳。他们还想推辞,我强塞进了他们的衣兜里便赶紧上路。路况很差,村庄极少,路途显得特别长,晚上 9 点多才抵达贵德县城。这天虽没完成多少调查任务,且遭遇了困境,但遇到的都是好心人,我们心中热热的,很感动。

既知夏官，也知城关*

邓文靖（兰州大学）

一 "先有榆中，后有兰州"

榆中是兰州市所辖三县之一，镇守兰州东大门。秦始皇三十三年（前214年），在今天兰州城关区东岗镇设榆中县，属陇西郡，这是兰州地区最早的行政建制。西汉昭帝始元六年（前81年）置金城郡，包括金城、榆中等6县。隋文帝开皇元年（581年）置兰州，始有兰州之名。

兰州和榆中位于黄河沿岸，是古代中原王朝与北方民族争夺的战略要点，历史上军事活动频繁，留下了很多带有"营、堡"的地名，比如兰州的费家营、盐场堡，榆中的夏官营、小康营、裴家堡、梁家堡等。兰州大学校区之一就在榆中县夏官营镇，距离县城13公里，距离兰州46公里，师生戏称"夏官营大学"。十余年来，每周往返上课，只知夏官，不知城关，此次田野调查可以近距离了解榆中县和榆中话，我内心充满了期待。

二 南关、北关和旧城关

2017年7月，我们来到榆中县城，入住龙山宾馆。宾馆位

---

* 该篇文章为语保项目甘肃榆中方言调查手记。

于栖云路和兴隆路交叉的十字街口,街口西南角是一个健身广场,广场南面有一片楼房,这里就是榆中县旧城关,以此为界,分为南关和北关。我们的调查范围就集中在这一带。

旧城关过去是商业中心,有冒家巷、上街、中街和下街几条巷子,现在成了一片城中村,被楼房包围着。听说冒家巷里有古城墙遗迹,我没有寻着,却在上街巷见到一处老宅,外墙破旧,里面砖墙和家具上的纹饰却很讲究。主人说他们原籍临夏,100多年前迁居至此,老城墙就在他家院墙后头,印刷厂盖宿舍的时候拆掉了。走出冒家巷,便看见文成小学,浅红色的教学楼,前方矗立着一尊"至圣先师"孔子像。这是一所百年老校,前身是金县小学堂,我们的发音人大多毕业于这所小学。

健身广场往东,走十几分钟,便到了北关裴家堡,张一悟先生故居就在村子里。根据《北关村史》记载,裴家堡建于明朝,堡墙上有堡楼,里面还有两个文武师院,如今都已不存。张一悟先生故居在村边,是个普通的四合院,中间是堂屋,两边有厢房,院子一半铺了砖,另一半种着瓜菜。女主人是张一悟先生的嫡孙女,热情地招呼我们参观。张一悟先生的父亲张继祖是甘肃文化名人,任过清代吏部主事,1905年联合当地学人创办金县小学堂,1916年筹办了甘肃省公立图书馆。1918年张一悟先生进北京大学预科班,而后参加"五四"运动,开始了他一生的革命道路。午间的乡村凉爽安静,屋外玉米地一望无垠,斯人已去,英魂长存。

三 豆站长

站长说他本姓"窦",上户口时工作人员图省便,填成

"豆",从此改姓。他出生在北关裴家堡,高中毕业后,做过文书,干过修理工,办过乡镇企业,20世纪90年代起任北关村支书,村里的事情大到办厂、征地,小到结婚、上户口,无不经手。这几年年纪大了,到文化站做站长,建起了图书阅览室、书法活动室,还组织了一支"美丽乡村"舞蹈队,在省上拿过奖,搞得有声有色。作为"老男"发音人,豆站长的任务最重,调查或者拍摄,一坐就是半天,但他从不说累,遇到乡里开会,或是要带妇女家属们上街搞卫生,一结束就赶过来,害怕耽误我们工作。

方言调查是件奇妙的事情,调查者和发音人素不相识,以后也很少有机会再见,可是短短几天就能建立起亲密的关系,无话不谈,好像相识多年的朋友。这大概是因为语言的神奇力量,语言不仅是传递情感的桥梁,更是情感本身,当你视方音为天籁,为它侧耳倾听,为它反复琢磨,你和发音人之间的共鸣就会自然而然地变成共情。聆听最纯粹的方音,收获最朴素的感情,这是田野调查最好的馈赠。

四 "百=白"和"书≠夫"

身边同事竟然说的是不同的口音,这让豆站长和祁老师很诧异。

教育局祁老师推荐他的同事小金做"青男"发音人,小金念完音系例字后,我告诉祁老师,他俩口音不一样,祁老师很吃惊,因为他们共事多年,彼此很熟悉。我让小金念"门、龙、牛、油""谷、百、搭、节",祁老师还半信半疑,我再让小金念"书",祁老师一下子站起来:"是'书'啊,不是'夫'!你咋学开兰州人说话了呢?"类似的事情发生了几次,豆站长推荐的小丁,"青女(青年女性)"发音人小金的表弟,都和他们口音不一样。

榆中城关话和兰州话同属兰银官话金城片,内部还是有一些不同。一是兰州话阳平是高降调,榆中是高降升调。二是兰州话古清声母和次浊声母入声字归去声,全浊声母入声归阳平,榆中城关话则不论清浊都归阳平,因此"百"和"白"在兰州话里不同音,在榆中城关话则相同。三是"朱、出、书、软"等字,兰州话多读唇齿音声母[pf、pfʰ、f、v],榆中城关话读舌尖后声母[tʂ、tʂʰ、ʂ、ʐ],因此"书"和"夫"在兰州话同音,在榆中城关话则不同。

榆中县靠近兰州的和平镇、连搭乡等地,与兰州口音同,城关口音集中在城关镇、三角城乡等地。城关里也有一些人说兰州口音,他们多来自北边的一些村子。

古入声字分派规律是划分方言区的重要依据,但是看起来当地人对声母的差别更敏感。令人疑惑的是,兰州和榆中同处黄河沿岸,相距不远,音系为何会有如此精微而幽深的差别?被风尘掩盖的先人足迹,被岁月湮没的历史信息,我们能有幸在方言里探寻到吗?

青藏高原的声音

孟雯（北京语言大学出版社）

2015年7月，我跟随中国语言资源保护工程藏语拉萨话的调查团队对拉萨话进行了为期半个月的调查。

我们是乘飞机前往西藏的，大家一路上满心期待。下飞机后看到辽阔的天空、蜿蜒的雅鲁藏布江、雄伟的布达拉宫，我兴奋得跳起了锅庄舞，当晚便高原反应发作狂吐不止，半夜被门诊的救护车送到医院输氧和输液。好在过了几天就逐渐适应了缺氧的状态，只要走路时放慢脚步，一般不会感到头晕。

我们的发音人是一位黑黑瘦瘦的大爷，60多岁，几乎一辈子都待在拉萨。调查的内容主要根据"语保工程"的调查手册，包括拉萨话的音系、词汇、语法和话语等。为了提高效率，我们在出发前先根据已有的研究草拟了一套音系，之后再根据实际的调查情况进行调整。调查的词汇共有3000条，调查时分工协作，有人负责询问和记音，有人负责录音和摄像，还有人在一旁随时准备换班。由于调查的词条较多，涉及方方面面，一些常用词发音人会脱口而出，一些不常用的或藏语中没有的词则会反复思量。除了藏语中原本就有的词外，拉萨话中有许多表示水果、蔬菜等食物的名词都借自汉语，发音也与汉语相近，例如：西瓜、石榴、柚子、香蕉、菠菜、黄瓜、丝瓜、莴笋。想来这与西藏的自然环境分不开，许多水果和蔬菜早期在当地无法种植，较晚才传入。一些与汉族民俗相关的词，藏语中有的缺乏对应的词，有的会用汉语借词表示。还有一些词则采用了"汉语语素+藏语语素"的构成形式。由此也可以看出汉语对藏语的影响。

中间休息的时候,我们与大爷攀谈起来。大爷说他的小孙子已经不太会说藏语了,虽然他们在家里鼓励他说藏语,但是他的小伙伴都说普通话,所以他也缺少使用母语的动力。这大概也是民族语使用现状的一个缩影:中老年人是母语的主要使用者,青少年中使用母语的人越来越少了。这其实也反映了调查和记录语言的必要性与重要性,这不仅是一项面向现在的工作,也是一项面向未来的工作。

在拉萨期间我们以吃面为主,一方面可以节省时间,另一方面可以减少开销。由于海拔原因,在这里用一般的锅是煮不熟面的,只有用高压锅才可以。幸运的是,调查点附近有一家河南面馆用的就是大型高压锅,能在这海拔 3000 多米的地方吃到煮熟的面竟然让人感到格外满足。不过,我们看到最多的还是川菜馆。我们发现,有许多外地人选择来拉萨工作,像河南面馆的老板和我们遇到的几位出租车司机是来自河南,当然更多的还是来自四川和青海。随着西藏经济的发展和交通条件的不断改善,越来越多的人愿意来这里工作、安家。他们与当地人一同生活,结婚生子。他们下一代人的语言使用情况可能会更加复杂。

回到宾馆,打开电视机,我意外地发现有为数不少的民族语频道,包括藏语的、维吾尔语的等。有的频道是用民族语播报新闻,有的频道则将汉语的影视剧换成了民族语配音,下面带有汉语字幕。这无论是对于老一辈民族语使用者来说,还是对于想继续学习和使用民族语的年轻人来说,都是喜闻乐见的。从这些民族语频道也可以看出当地政府对于保护民族语的重视,通过这种深入人们日常生活的方式产生潜移默化的影响。

  西藏是一个神奇的地方。我们住的宾馆没有装纱窗,因为这里没有蚊子,只有苍蝇;超市里的酸奶盒都是鼓起来的,本以为是变质了,后来才想到是气压的原因;狗都懒洋洋地趴在地上,倒是牦牛精神抖擞,许多还跑到陡峭的岩石上;天空总是湛蓝湛蓝的,白云低低地落在远处的雪山上;夏季晚上 9 点左右才天黑,7 月份夜晚的最低温度可达零度左右。这样的自然环境孕育出了独特的高原文化。语言是文化的重要载体,希望这来自青藏高原的声音可以记录下来,延续下去;希望每一种语言的声音都可以记录下来,传承下去。

我在黄土高坡做调查

孙建华（西安外国语大学）

2013年，我开始独立赴延安地区进行田野调查。延安属黄土高原地形，有13个区县，跨晋语和中原官话两大方言区。

我十多年前到过一次延安市，记忆比较模糊，印象是风大，山高，窑洞多，有一种和关中平原迥然不同的气息，大概是黄土高原独有的气质吧。在满心好奇、无限期待和几丝忐忑中，我踏上了延安大地。

2013年9月21日中午，我从安塞县抵达子长县。出发前两天已辗转电话联系到了素未谋面的子长县的张老师，她热情地答应帮我寻找发音人，并在我抵达的当天亲自到汽车站来迎接。陕北朋友的热情，令我无比感动。

见到张老师后，我兴致勃勃地问起发音人，她有些沮丧地说一时找不到合适的。我心里着急，掏出随身携带的地图一路询问，很快确定了预选乡镇，接着张老师通过电话四处联系，并带我品尝了软薄可口的子长煎饼，就着冰凉酸爽的汤，满口生津。

功夫不负有心人，临近黄昏，发音人总算落实了。张老师和她爱人亲自驱车送我到未来一周的住处——瓦窑堡镇石家川村的一孔窑洞前。

石家川村十分安静。村子依缓坡而建，邻里隔坡相望，一孔孔窑洞整齐排列，窑垴畔（窑顶）和木制门窗上细密的菱格饰纹朴素典雅。各家窑前有个小菜园，种着辣椒、豆角等常见蔬菜,散发出浓郁的黄土高原气息。窑后大大小小的山峁远近不一,错落有致。此时值 8 月下旬,陕北已是早秋,夜晚窑里烧炕,中午却似在夏末,漫山遍野山花烂漫,树木郁郁葱葱,石家川宛若一幅静谧的水墨画。

我在村里转了一圈,没见着几个人。原来年轻人都出去打工了,窑里窸(住)的多是一些留守老人。石家川的静谧固然因为它的秀丽,主要还是因为人口大量迁移。

我的发音人是位 1939 年出生的老汉,家里有三孔窑,他住一孔,两个儿子各住一孔。后来儿子们举家搬去了县城,两孔窑闲置了,现在他是三孔窑的唯一主人。我到来后,成了其中一孔窑的临时主人。久无人住的窑洞比较潮湿,加之前几个月延安遭遇了百年不遇的洪灾,窑洞愈发潮湿。想到将要在这里边住一周,心情不免郁闷。可喜的是,当天晚上,老汉的儿媳恰从城里回来了,陕北婆姨(媳妇)真是利沙(麻利),口里捣腾[xɯ³¹ li²⁴ tɑo³¹ tʰəŋ⁵²](形容动作快)给炕头放了火(方言把"生火"叫"放火",窑洞里炕和灶台相连,灶上放火,炕就热了),窑里顿时暖和起来。

发音人不大会做饭,灶具也极为简单,我自然不好意思指望他,便主动承担起每日做饭的事儿。在询问了他的作息时间后,我制订了每日的调查计划。早饭简单吃一点,开始调查,临近中午停工,和发音人商定了吃什么后,由我在园子里摘菜、做饭。由于锅灶简单,做饭不方便,为节省时间,索性中午多做点,一部分留当晚饭。午饭后发音人午休,我趁机整理材料。我们商量好,一天米饭,一天面条,轮换着吃。

就这样,在世外桃源般的石家川村,在简陋的窑洞内,我开始了为期一周紧张而有序的调查。

石家川话和刚调查完的安塞化子坪话有相似之处，如清上、次浊上和平声（不分阴阳平）相混，端组今读送气音的声母逢细音读 [tɕʰ]。石家川话也有不少创新特征，如，阴声韵摄有多个层次，元音高化、舌尖化现象极为突出。果摄字有 [u] [uə] [uᵊ]（介于 [u] 和 [uə] 之间，[ə] 是一个模糊的尾音）三种读音，显示了语音演变的层次和方向。果开三白读和假开三白读相混，读 [i]，果开三文读和假开三文读相混，读 [iɜ]，如：茄~子 tɕʰi²⁴ / 茄单字 tɕʰiɜ²⁴ | 姐~~ tɕi²¹³ / 姐伯叔~妹 tsiɜ²¹³ / 姐~妹 tɕiɜ²¹³（"姐 tsiɜ²¹³" 声母为白读，韵母为文读）。止开三等、蟹开三四等高化为 [ɿ]，外县人笑子长人说话，编了个顺口溜：拖拉机上插了个红旗旗。

一天中午天气比较暖和，饭后我去村里转悠，走着走着来到一个缓坡下，坡两边是深沟，沟里杂草丛生，沟边绿树成荫，像给路面搭上了凉棚。我一口气跑到坡顶，被眼前矗立的巍峨的大山挡住了，大山根儿有一座不知名姓的人家刚刚修建的新平房，正如歌里唱的："我家住在黄土高坡……"

第二天傍晚，我又溜达着往缓坡处走，突然脚下窜出一条狗，"汪""汪"两声跑掉了，刚走几步，又窜出一只。不时迎面而来的犬吠和夜幕降临时的寒意完全驱散了我上坡的念头。此时，窑顶已是炊烟袅袅，缓缓地飘散到山峁之间。我仿佛看见窑洞里老婆（老太太）、老汉（老头儿）放火的身影和热乎乎的炕头。胡思乱想间，不知谁家院子的墙头又立着一条狗，朝我一阵狂吠，不远处，另一条狗正温柔地摇着尾巴，似在含笑助威，我吓得一路小跑冲回了窑里。

很快，发音人已能非常默契地配合我的调查。累了便随便拉话（聊天），我问他是否喜欢城里生活，他说不习惯，城里上楼太麻烦。又问他一个人待着急不急，他坦诚地说急。我本以为他早已习惯并享受着一个人的清静，原来是我的误读。透过那衰老、倔强而无力的眼神，我仿佛看到了他表面平静实则孤独的内心。

最后一天，我去隔壁窑里借水喝。老两口一头一个躺在热乎乎的大炕上，原来老汉不久前刚做过手术，老太太一直在身边伺候着。老汉瘦削而棱角分明的脸上洋溢着纯真热情的笑容，看他们可爱的样子，我掏出相机说留个影。老汉顿生精神，把被子一掀坐了起来。我本说给他们老两口合个影，老汉却一个劲儿地催老太太往边上挪，说要各照各的。我一下被逗乐了，好，那就各照各的，咔嚓咔嚓，一人一张。

调查结束，我离开了石家川，这里的一切也许很快会被新的记忆冲淡，其实早已定格成为永恒。

邂逅石台

杨慧君（广东外语外贸大学）

一　行前准备

我读博阶段想研究方言复杂的交界地带，安徽省石台县汇集了吴语、徽语、赣语、江淮官话，吸引我前去摸底。出发前我收集了所有能查到的资料，包括书籍、论文、地图，甚至百度贴吧和人人网。石台地处皖南山区，是国家级贫困县，这又是我首次独立进行田野调查，不能打无准备之仗。

二　田野艰辛

刚到石台，人生地不熟，我厚着脸皮，逮着人就搭讪，车站、旅馆、饭店、大巴……到处打听：哪儿的方言特殊？哪儿有合适的发音人？我常常只有壮起胆子信任别人，才能打开局面。很多村镇位置偏僻，没有旅社，一天只有一趟午间公交，靠公共交通根本完不成调查。所以我经常在路上拦车，路过的私家车、摩托车、拖拉机、养路车、游览车、警车、消防车等全都试了个遍。

当然，田野调查要有安全意识。我有一个当地紧急联络人，但他在县里工作，不能时时跟着我，更多要依赖自己的观察力和应变能力。如何在几句对谈中判断别人是否值得信任？遇到不顺，是改变计划，还是迎难而上？如何快速察觉潜在的风险？怎样化解危机？这些都要边做边学。记得在小河莘田调查的第六天，发音人马祖元伯伯告诉我，山洪马上要暴发，调查还剩一天，选择完成任务还是保证安全？犹豫了几分钟，我选择撤离。在我走后15分钟，进出村口的唯一道路就被淹没，再通车已是一周后了。

2011年1月我去石台县七都镇调查，遇上十年不遇的暴雪。公交停运，一再加价也找不到私家车。旅馆水管结冰，无法供水，空调也不制暖。我待在房间核算开支，越发焦躁：不管有无收获，在外的每一天都在花钱。更宝贵的是时间，完不成任务什么时候能再来？成本得增加多少？想到这些，我只觉得头大，心冷。这时，七都镇上的田枝梅阿姨跑来找我，她是我上一个点的发音人，看到下雪，特地把我叫去吃饭，还拿出火桶让我烤火，给我讲了很多当地的风俗、典故。身暖心暖，我的干劲儿又上来了。

我也有束手无策之时。2010年夏天，我在乡镇找发音人连连碰壁，便回县城调查吴语。跑遍掘珠和老街，只有两位80多岁的老太太还说地道的土话，但一位不识字，另一位失聪。我向县志办张立政书记求助，他通过一位村长找到香口的一位小学教师。第二日，约定时间过了很久，一位老伯出现在旅馆外面。我问他是不是某村长介绍来的，他自言自语地说："怎么在旅馆？怎么是个女的？"接着就往回走。我连忙追上去，边跑边喊："伯伯，我有证件，可以给你看！旅馆不合适，我们就换地方！"伯伯像避瘟疫一样，拐个弯就没影儿了。我给村长打电话才知道,老教师以为找他的是县志办,结果是个年轻女性,又在旅馆,吓得回去了,村长向他解释,他也不愿意再来。我挂断电话后,关上房门,号啕大哭。一个多月的奔波与寂寞,数十天的不顺与委屈,全都在这一刻暴发。

三 各色发音人

调查过程中,最牵动我喜怒哀乐的,无疑是发音人了。

在矶滩乡太胜村调查时,中午我在发音人储根乐伯伯家搭伙。只见他紧张地翻遍整个厨房,面带歉意端上一碗素面。我吃着吃着,发现面条下卧了个鸡蛋,再吃,又有一个。接着吃,还有一个!我偷瞄储伯伯的碗,一个鸡蛋都没有。调查完,他怕山里野猪出没,执意送我到公路上,结果晚上7点才等到一辆愿意搭我的消防车,他还得摸黑走山路回去。储伯伯的举动让我感动至今。

调查时需要久居室内,发音人常年在外劳作,很不习惯,香口乡的舒长生伯伯尤其待不住。第三天他就问:"快弄完了吧?"为了稳住他,我只能说:"快了快了。"这轮问答每天重复。因此,我格外关注他的情绪,若他面露倦色,我就赶紧停下,给他讲笑话。到最后一天,他说:"唉,我早知道你说'快了快了'是糊弄我的,但我答应你了,就得做完、做好。而且我看你挺不容易的。"跟发音人打交道,有时让人头疼,有时需要斗智,但主要还是靠真诚。

我在仙寓镇南源村调查李派明伯伯时,发现他总在第二天核对时改掉之前的读音。次数一多,我就忍不住了,说:"伯伯,你怎么读来读去不一样?"发音人本来就不习惯室内工作,受到质疑脾气也上来了,说:"你记得不对,我之前也这么读。"我调出录音给他听,大家陷入沉默。僵了一会儿,我冷静下来,心想这里的方言来源各异、特点不同,县城方言、各乡镇中心方言有辐射作用,现在他们每天看电视、听广播,又被普通话影响,发音改变了也不自知。加上我是外地人,他们跟我说话时会自动带普通话口音。我改善方法,多核对几次,不就行了?较什么劲?于是,我赶紧道歉,李伯伯也大度,大家又心平气和地开始核对。

调查过程时有起伏,因为善良、耐心的发音人,我还是顺利完成了任务,留下许多温暖而美好的回忆。

四 调查收获

我去石台县调查了 5 次,待了 130 多个日子,跑遍 7 个乡镇,走访近 40 个村的 71 位发音人。在那里,我见识了油菜花开的春、洪水泛滥的夏、桂花飘香的秋、冰天雪地的冬;在那里,我吃过百家饭,结交了很多朋友;在那里,我开始体会田野人生的酸甜苦辣,学习方言学人应有的随机应变、独立坚强。因为这段经历,淳朴好客的石台人、丰富奇特的语言现象、如诗如画的秀丽山水、鲜香热辣的皖南菜,从此深深刻进了我的心里。

安宁之地有妙音

张秋红（北方民族大学）

公元 1227 年，元灭西夏，改名"宁夏"，蕴西夏"安宁"之意。作为一个来自福建说客家话的人，我从没想到会与宁夏方言研究结缘，也没有想到缘分太深竟难以自拔。我热爱这方土地，我愿意为她陷得再深一点。

宁夏方言分为兰银官话、中原官话，即老百姓口中的北部川区话和南部山区话。我的方言调查发音合作人叫笪舍利，祖上于清末时期被清政府从陕西渭南一带安插到宁夏泾源新民乡，说泾源话，从方言分区来说属于中原官话关中片。他是 20 世纪国家"三西"扶贫开发浪潮中第一批经政府搬迁到银川西夏区兴泾镇十里铺村的移民。十里铺村位于银川市郊，坐车前往兴泾镇，司机刚好是十里铺村人，问我找谁，我报上发音人的大名，他说："噢，老大啊！"我心想：嗯？老大？难道他是村里的老大？无论如何我调查得注意点，老大可不好惹。

带着忐忑的心进了"老大"家，不过眼前这个戴小白帽的"老大"很是和蔼，猛地想起银川话去声读低升调 13，泾源话阳平读 24 也为升调，听感比较接近。师傅常年跑出租，口音受银川话影响，"笪"和"大"在连调中就容易混淆了。笪叔叔是回族，按理应该给他道一声"色俩目"，但我没有"伊玛尼"（伊斯兰教信仰），便和叔叔问了声好，他笑着连声说"好好好"，听到他的声音我心想：声如洪钟，气贯长虹，这个发音人靠谱！

而且他是土生土长的泾源人，一直在泾源生活，没有长时间出过远门，又是最早一批从南部山区搬迁而来的吊庄移民，各方面条件都比较符合吊庄移民方言调查发音人的条件，但唯一不足的是他识字不多。在宁夏南部山区要想找到一个 60 岁以上识字多的老人并非易事，我只好一边教他识字一边调查，还好笪叔叔是一个悟性很高的人，而且泾源方言的阴平和阳平分得很清楚，不像秦陇片方言（固原原州区周边）处于阴平、阳平合并中，父亲说"方、房"不同音，儿子说同音。不过，泾源方言"天、千、牵"同音，当地人笑把"星期天停电"说成"星期千情见"，所以当听到［tɕ］［tɕʰ］声母时我得仔细听辨是哪个字，属于中古端、精、见哪个声母。比端精见母更有意思的是宁夏南部山区方言中夫妻双方的面称，他们惯用"头首娃"（第一个孩子）的名字来称呼对方。很多人会有疑问：如果老伴和头首娃在一起，怎么区分喊的是谁？方言是变通的，声调别义古已有之，宁夏南部方言通过名字的变调，或儿化，或重叠，或叫娃他妈等形式让老伴和头首娃的称呼在家庭内部区分得清清楚楚，也让这个风俗习惯得以经久流传。

中午调查完笪叔叔留我们在他家吃午饭，我连说我是汉民在他家吃饭不是很好，叔叔、阿姨爽快地说："不管回民、汉民，到了我家都是客人，都一样，家常便饭不要嫌弃就好。"阿姨端了好几碗羊肉饺子进来，并给了我们筷子。令我惊讶的是，他们并没有认为我是个汉民而给我单独的筷子和碗，让我十分感动。待吃完饭，笪叔叔让我们"缓哈"（休息），他便去清真寺礼拜了。叔叔每天礼拜五次，中午一点到下午五六点要礼拜三次，所以每天下午能够用于调查的时间很少，笪叔叔也觉得有点耽误调查，我更不想因为调查影响他"五时不撤"的功修，于是和他商量调整了一下，上午调查，下午我回去整理资料。

几天调查下来令我感到惊讶的是，这些吊庄移民点的方言代际替换得很快，因为宁夏移民不同于三峡移民，他们只是从宁夏南部搬到北部，而且移民一般集中安置，虽然方言略有差异，但通话度还是非常高，并不存在沟通障碍问题。以笪叔叔一家为例，在泾源长大再移民过来的儿子还会说泾源话，但笪叔叔的孙子不仅不会说，有时候甚至听不懂，如孙子称呼父亲为"爸爸"。笪叔叔问："你大（爸）呢?"孙子不解，于是只好换用普通话词语来交流。当地村民认为，在银川出生的"80后"95%以上不太会说泾源话了，但他们的银川话说得非常地道，上班地方一般使用普通话，所以泾源话的生存空间逐渐在移民点被挤压。当问他们为什么不再说老家话时，他们一致认为老家话太土、太"曲"（难懂）、难听。我想，这只是一方面原因吧，强势方言银川话的影响不容小觑，更重要的是他们在心理上需要通过普通话或银川话作为一种媒介得到他人的身份认可、地域认可。不久的将来，不知这些吊庄移民区的方言尚存否，不知老笪还是不是老大，娃他妈还是不是被喊着孩子的名字。

小渔村有大学问

张驰（成都大学）

去年暑假，我一直在外地进行"语保工程"的调查。一天，休息时大家跟发音人闲聊，我的一位学生问发音人："你猜我们张老师多大？"发音人不住地打量皮肤黝黑、胡子拉碴的我，壮着胆子勉为其难回答说："最多也就四十来岁吧。"在场的学生"啊哈哈"笑得前仰后合。

那一刻，"四十来岁"的我，不禁回忆起曾经方言调查中的点滴。

读硕士的第一学期，学习国际音标的同时，我找导师周及徐教授要了之前调查的一些录音，自己试着做记音练习，最后再跟他所记的音标对照，从而纠正自己听辨上的偏误。那大概算是我最初接触方言调查的材料。

而第一次做正式调查，是在研一的那个寒假。经过了一学期的学习，我跃跃欲试想去尝试一下田野调查的滋味。趁放假回家，正好就调查自己的方言。我是四川西昌人，要说起西昌的方言，不少人都知道西昌的"小渔村话"很有特色，比如把"鸡"说成"资"，把"洗"说成"死"。于是我就很想用语言学的方法来总结总结这些"特色"。做好了相关的准备工作以后，便前往当地寻找发音人。人们口中俗称的"小渔村"位于邛海北岸，大致对应于行政区划上的川兴镇海丰村。通过实地走访，最终选定了一位姓尹的方言"老男"发音人。尹姓是当地较大的一个姓氏，在当地生活的时间及家支谱系都较为清楚地记载于家谱，加之该发音人是当地的赤脚医生，识字量和见闻也相对较多。说定以后，我们便开始了愉快的合作，这也让我的田野调查有了一个美好的开头。

由于我是第一次调查，所以手脚不太麻利，调查一连进行了四天。每天早晨我乘公交到川兴镇上，然后换乘摩托车或者电三轮前往尹医生的家。调查从早上一直持续到下午五六点，间或有人来找尹医生开药或者说事情，我也跑到一旁"偷听"。每逢交谈，尹医生在最后都会很得意地给对方说，有专家来调查方言，自己正在接受采访。没想到，在他心里这是一件如此荣耀的事情。不过尹医生也告诉我，在村里尚有一些老年人还比较迷信，认为拍照、录音这类事情会"把魂摄掉"，所以不是每个人都愿意接受调查。发音累了，尹医生就抽支烟休息一会儿，我便跟他闲聊。在一次闲聊中，我提到我的姑妈也是医生，一说名字，尹医生竟也认识。他说他们曾经一起参加过医疗技能培训，也算是同学了。由此，我们的关系似乎又加深了一层。后来，我向一位家住川兴镇姓尹的高中同学提起尹医生，她说按辈分算起来，尹医生是她的侄子。我表示怀疑，她便脱口而出"大显红开山"，这是尹家的字辈。我那同学名字中有"红"字，而尹医生名字中也确有个"开"字。直到前两年，我进入高校任教，有一位学生姓尹，也是来自当地，一问正好是同一个家族的人。或许这就是缘分吧。

开学以后，我把整理好的3600多字的调查材料交给周老师，通过周老师的指导，也让我发现了调查中存在的一些错漏和不足。后来几年，我又数次找到尹医生做了更为深入的调查。虽然当时的调查还显稚嫩，但大体上知道了小渔村话的"特色"，比如有卷舌声母（与北京话辖字不同），无撮口呼韵母，复元音韵母单化，等等。至于最为人熟知的把"洗"说成"死"，实际上声母的音值并非大家口中模仿的龈音［ts］类，而更接近于龈后音［tʃ］类。不仅小渔村，在全国其他许多方言中也有这类"高顶出位"现象。

不过，当时我还不能确定小渔村的这些特征在西昌其他乡镇的方言中是否也有。深感自己作为西昌人，对家乡方言的了解却如此疏浅。因此，在读博期间，便以西昌境内安宁河两岸的方言为研究对象，每个调查点又各分若干年龄层进行深入调查，试图了解当地方言的类型、分布、接触及演变。2013年年底至2014年4月，将近半年的时间我一直往返于安宁河两岸的各乡镇。调查过程中会遇见形形色色的人，也常常会遇到不顺利的时候，但我都想方设法解决了困难，在这过程中既积累了不少经验，也磨炼了自己的耐性以及与人交往的能力。调查发现，西昌地区存在着好几种不同性质的方言，小渔村话所具有的特征，安宁河两岸的诸多乡镇也存在。此外，还有像樟木话、黄联客家话等不同性质的方言，而城区居民则因长期与外来移民接触、杂居，因此城区西昌话的面貌又与农村地区有所不同。由此，我才开始了解到西昌地区方言的一个大致面貌。

近些年来，随着城市的发展，安宁河上摇摆着的铁索吊桥已经全部被宽阔的水泥大桥所替代，而尹医生曾经所居住的海丰村，也在邛海湿地公园的打造中整体拆迁。不知到了新的居住地，尹氏家族是否还会聚族而居，更不知曾经调查过的那些方言，接下来会发生怎样的变化……

南海拾忆

樊艺（北京市第二十中学）

2017 年，我还是语保中心一年级的研究生，按照惯例，每年暑假导师王莉宁就要带着学生们走进田野调查实习，由于种种机缘巧合今年选择了深圳大鹏半岛。刚得知消息的我，全然忘记了自己母语为中原官话且没有任何南方方言调查的经历，脑海中浮现的是南方城市一年四季的青山绿水、蓝天大海和鸟语花香，更别说还有现代化国际大都市深圳市的加持，脑袋一蒙就提着行李箱出发了，于是就有了之后两次赴大鹏调查摄录的乐趣和多舛经历。唉，现在想想，我那时真是太单纯了。

大鹏半岛位于深圳市最东端，是深圳最大、保存最好的生态净土，森林覆盖率达 76%，狭长的海岸线贯通南北，被誉为深圳最后的"桃花源"。7 月底初次到大鹏，如果不考虑夏季汗如雨下的蒸腾，我觉得我就要定居这里了。雨后的大鹏最是动人，雨点敲打着青石板，雨中夹杂着花的幽香。原本绿油油的树叶，经阵雨一淋，苍翠碧绿。雨后的东山，默默地注视着远处的大鹏湾，翻滚的浪涛拍打着海岸，似乎回应着远方的深情。

第一次调查摄录的经历可能对于大多数语保人来说，已经不算是新鲜事儿了，但时至今日我仍记得一人独自操作三台机器时的紧张和慌乱。9 月 1 日结束了单字、词汇的调查和"老男"发音人部分的摄录后，我背着三脚架，拖着快要炸开的行李箱，怀着沉甸甸的心情，历经 26 个小时终于返回北京语言大学，等待我的将是 10 月底的独自调查和摄录任务。第二次来到大鹏，心情已全然不如第一次，在校同门因为忙于学业不能同行，得知师兄南下广州报名考试，在我的软磨硬泡下他终于答应中途拐来大鹏，帮忙挑选合适的发音人，布置摄录场地。第一天下午和师兄录了地普 2，发音人钟老师理解能力强，摄录极其顺利。当我独自开始录时，一个人既要看摄像机屏幕中发音人的状态，检查北语录音的电波是否在 -18 到 -6 之间，还要翻 PPT。早上 8 点开始摄录，虽然很慢但也无大碍。不久，旁边饭馆换气扇发出的嗡嗡声、鸟叫声、客栈对面景点喇叭声不绝于耳，完全不是棉被堵门、枕头塞窗能挡住的了；偶尔操作北语录音的右手和摄像机的左手不能停留在同一个条目上，导致音画不同步，几十条甚至上百条要从头再来；景点卖票的大妈终于被我多次送礼说好话后喇叭该关就关，结果老板回来视察认为影响生意，对着摄录房间破口大骂；客栈提前订好了包场，需要临时收起摄录器材搬房改换调查，种种交织在一起，让我几次崩溃想要放弃。好在天无绝人之路，一路跌跌跄跄走来，终于如期完成了所有的调查和摄录任务。当然这也多亏了之前中心举办摄录培训时做的场内会务工作，因此整个摄录过程在技术上没有出现大的问题，这让我十分欣慰。临走前一晚，有幸收到客栈陈老板的邀请，开车载着我这个 VIP 客人环岛观光。10 月底 11 月初是大鹏旅游最好的时节，漫步在大海的怀抱里，夜晚凉风习习，涛声阵阵，别有一番风味，若不是陈老板提醒，我都不知道快 11 点了。

在被突然掉落的固定背景布的夹子砸地惊醒后，晚上睡觉我总是很小心。一天凌晨正酣睡时，先是听到窸窸窣窣的声音，后又有几声清晰的敲门声传来，是不是有人要入室抢劫（虽然住在二层，但房间正对街道，我心里一直不安）？认知告诉我不能发出任何声音，于是我屏住呼吸，攥紧手机，把头埋在被子里。过了几分钟，似乎已经安全了，我长舒一口气……突然又传来几声敲门声，这一次更加响亮了，身上冷汗热汗交融，我只好做了最坏的打算。奇怪的是，不知道什么时候我竟睡着了。第二天早晨，天刚亮我就拨打了还在梦中的管家的电话，让他协助调监控抓坏人，结果监控偏偏在事情发生的时间段里断片了。这让我疑心更重了，赶忙联系了客栈陈老板，陈老板坚持认为古城治安很好，客栈放在外面的东西从来没丢过，如果有声响，也一定是斜对面家里早晨5点要做生意拉货物的声音。这个解释多多少少安慰了我，摄录快要结束了，我也没再追究。

　　回到学校后发生的一件事让我唏嘘了好久。临走前好几天，陈老板一再叮嘱我，一定要去古城南门口的老树下许个愿，据说很灵验。我向来不相信这类说法，但拗不过陈老板的一次次询问，只好在返京的前一天午饭路过时象征性地咕哝了几句。那棵树看起来有些年头了，树枝枝丫伸展，上面被一条条红飘带和铜锁牵拉着显得疲惫不堪。回京的火车上，陈老板问我许了什么愿，我说希望有一天客栈能像深圳华侨城一样繁荣兴盛。当时也只是随口一说，没想竟一语成谶。不久后的一天，陈老板告诉我，客栈所属的长巷文化公司被深圳华侨城收购了，我一时惊得目瞪口呆，这也许是件好事，不过这让作为本地人的陈老板隐隐担忧起来，利益面前，拥有六百年历史的古宅会不会遭到开发商的破坏,当然这也是后话了。

  在深圳这个国际化大都市面前,大鹏宛若一颗无人问津的明珠,等待着世人发现她动人的一面。繁杂的人口拥入、日渐兴起的旅游业,大鹏能否留住她往日的纯真,不被历史遗忘,还需更多的人去努力!

理

跨境语言调查与换位思考

戴庆厦（中央民族大学）

我以前长期做过少数民族语言调查，但后来把兴趣投向跨境语言，曾到过泰国、缅甸、老挝、哈萨克斯坦等国多次做实地调查。在调查中深深体会到跨境语言调查有其自身特点，有许多与国内不同。如果还是把国内的一套经验全盘搬到国外，必然得不出正确的认识，因为语言是受国家制度、政策、条件制约的。下面举几个例子。

例一，怎样因地制宜地与跨国调查对象搞好合作？

2007年夏，我们课题组赴泰北阿卡山寨调查阿卡人的语言生活。一到山寨，大家就急于揭开这一新语言的"谜"，按照国内调查习惯，一开始就一连记了几个小时，而且几个人还抢着问不清楚的问题，使得发音人对付不住，疲劳不堪。

发音人阿依是位有硕士文化程度的青年阿卡人，开始时还以礼貌应对，问啥答啥，但到了第三天就不耐烦了，直率地给我们提意见，说："我们警察局审讯可疑人，一次都不超过两小时，而你们的调查，一次就三四个小时，实在受不了！"我们听后大吃一惊，立刻向发音人道歉，说以后每记一个多小时就休息一次。他说可以，满意了。后来我们不断与发音人沟通，关心他是否累了，有了和谐的气氛，才保证了项目的完成。经过努力，我们回国后不久，就出版了《泰国万伟乡阿卡族及其语言使用现状》一书（2009）。

在跨境国家调查时，怎样安排好跨国合作者的生活，包括怎样安排饮食起居，怎样付报酬，怎样与他们建立友谊，都需要认真考虑。

例二，怎样根据调查国的国情认识遇到的问题？

每个人多少都会有思维定式，在做跨境语言调查时，我们常常会以在国内多年形成的思维定式来看待跨境国的问题，判断是非，而且还会固执地坚持自己的意见是对的。比如，2010年我去老挝做克木语使用情况的调查时，有位老挝公务员问我："老师，中国的民族分主体民族和少数民族，语言有主体民族语言和少数民族语言之分；而我们老挝不分，都看成是一样的民族和民族语言。哪种好，您怎么看？"我一下愣住了，回答不上来。

经过思索，我认为两国各有自己的民族国情和语言国情，不能都用同一的标准来判断是非，要换位思考。中国的汉族人口占全国人口的91%以上，55个少数民族的人口不到9%。分出主体民族和少数民族，有助于对少数民族采取特殊政策进行扶持和帮助。少数民族由于人数少，由于历史的原因，社会、经济、文化相对后进，所以国家对少数民族在政策上有所倾斜，都有特殊照顾，近年来还实施了对特小民族的特殊照顾。在语言上，少数民族语言使用范围小，在现代化进程中由于经济一体化、信息一体化的加速，有些语言出现了功能衰退，甚至濒危，国家对少数民族语言实施语言保护政策，对濒危语言实行抢救。所以，在中国从宏观概念上区分出主体民族和少数民族、通用语和少数民族语言是必要的，符合各民族的利益。半个多世纪的实践证明，这一区分受到少数民族的首肯和拥护。但老挝的民族分布情况不同于中国。老挝有49个民族，全国人口有6,911,326人（2015年），其中人口最多的是老族，但也仅占老挝总人口的35%，其他各民族占65%。可见，老族在人口数量上无绝对优势。再说，在社会、经济、文化的发展水平上，除了边远地区外，主要民族老族与其他民族接近，尚未具有绝对的"老大哥"的地位。由此，老挝不分主体民族和少数民族，是符合自己国家国情的，长期以来也得到各民族的拥护。

再举一个例子。2015年，我们课题组在调查老挝的媒体时，了解到他们虽然规定老族语言是官方语言，但没有严格的标准音发音要求。电台、电视的播音是广播员各带自己的地方口音播的，如琅南塔省的电台带琅南塔省的口音，琅勃拉邦省用琅勃拉邦省的口音，万象用万象的口音，等等。我们调查组根据我国长期有标准音的规定觉得很奇怪，多次向老挝人问道："你们怎么没有标准音发音要求呢？"被访者无一例外都说不成问题，大家都能听懂。

这种现象的出现，按照老挝的国情可以做两种解释：一是老挝目前正面临着经济发展的巨大任务，精密化的语言规范还提不上日程。二是老挝的语言情况可以不要求推行严格的标准音。老挝有49种语言，人口最多的老族属于壮侗语族，内部方言差异很小，相互都能听懂。与它同属一个语族的语言还有泰语、傣泐语、媛语、傣诺语、些克语5种语言。这些语言与老语也接近，据本族人说，听两星期就能听懂。老语有文字，拼写及用词、组词造句有传统的规范，在老挝已世代沿袭，成为习惯。所以，国家对官方语言老语的使用只要求拼写及用词、组词造句规范，在教学、媒体的读音上没有统一的要求。当然，随着老挝现代化进程以及教育、科学的深入发展，在官方语言的规范上会不会采取新的举措，如在教学、媒体的读音上是否要规定以万象话为标准音，这还无法预料。但在目前，我们不能用我国对标准音的规定，来评判老挝的通用语规范，而应从其本国实际来认识其语言。

例三，怎样安排跨境语言调查的程序？

我们在国内调查语言，到现场后不需要向调查对象做过多的来意解释就能开展工作，但到跨国调查就不同了，人家对我们的工作不了解，不知道我们为什么要千里迢迢到他们的国家做语言文化的调查。而我们出国做跨境语言调查时，见到跨国官员、居民热情的面孔，就容易把在国外的问题简单化。比如，我们初到泰国万尾乡调查，只与乡政府领导交代来意，而忽略了与当地警察局联系。所以，当我们铺开桌子调查时，一位警员来我们记音桌前转了一下，一句话不说，看我们究竟在做什么。陪同我们调查的清莱皇家大学的松巴教授，立刻领会了我们缺少向警察局报告这一环节，建议我们第二天一早就与警察局沟通。第二天上午，我与松巴教授去拜见警察局领导，向他们说明我们来自北京，是为了贯彻联合国关于保护多元文化、语言的多样性的精神来泰国调查的，并说我们的项目是与清莱皇家大学合作的，我们来之前，泰国教育部就为我们办好了来泰国调查的手续和证件。

与我们交谈的几位警员，听了我们的介绍后明白了我们的来意，很高兴，说这是一项有重要意义的工作，愿意协助我们搞好调查。还希望我们出书后能翻译成泰文，给他们一本，共同帮助清莱的阿卡人发展经济文化。之后，我们在那里调查的 20 多天时间里，始终得到他们的帮助。

又如，我们课题组到哈萨克斯坦调查维吾尔族的语言生活时，出版机构、文化机构很不理解我们是来做什么的，工作开展得并不顺利。后来，我们让维吾尔语老师用维吾尔语向他们介绍了中国的民族状况、民族政策、语文政策，说明了调查跨境民族及语言的重要理论意义和应用价值，还介绍了这次来调查的目的和计划等。他们听了后化解了原来的疑惑，表示愿意协助我们一起工作。我们的调查收获很大，最终完成了《哈萨克斯坦维吾尔族及其语言》一书（2016）。

心诚则灵

张惠英（海南师范大学）

这次参加海南语保，做了乐东黎族自治县黄流镇这个点，确实是想尝尝"语保人"工作中的甜酸苦辣，趁着自己耳不聋、目还明、腿脚也能动。

我信守"笨鸟先飞"的原则。

就在2018年4月19日中国语言资源保护工程海南项目启动会在定安开完之时，我就带着行李独自来到黄流镇寻觅合适的发音人。海南各县市还没有专设的语委机构，省教育厅王处给了我乐东教育局一位热心干部于老师的联系方式，让我有事就请她帮忙。果然，于老师派了一位小学校长来车站接我，并帮我找宾馆。

语保人都说，找到一个合格的、合适的"老男"发音人，就有了一半的成功。

我心里原有的发音人库藏，一是十多年前做海南语言地图时来乐东黄流找到的发音人，他是一位小学语文老师，这时又和他联系，可他已经退休，在海口的子女家带孙子了。还有就是海南师大一位黄流籍学生推荐的黄流中学一位退休的黎老师，一联系，他也是在家照管孙子孙女。所以，到了黄流镇，两眼一抹黑。那位接我并帮我入住的小学校长所介绍的发音人，也都不符合我们语保要看祖宗两代原籍当地的条例。

为了节约时间，我当天傍晚就蹲守黄流中学门口，向门房值班人员张姓老人询问有关退休老师的情况。最后他就指点我去找一位已经退休多年的校长，说他人脉广，有影响，找人方便。还告诉我这位校长所住的楼号和电话。先打电话没接通，于是我找到那个楼，因为不知几层几号，见人就问那位校长的房号，可谁都不认识。想想，我们住公寓楼的哪能知道隔壁人家是姓甚名谁干啥行业的？只好硬着头皮挨着敲门去问。谁知大家警惕性很高，没一家给我开门的，都怕横遭不测。

到了晚上，给退休校长的电话终于打通了。他热情地为我指点，并请他的部下召集他们常来往的同事、朋友、熟人，在第二天卜午集合开会，讨论筛选合格的发音人。一切很顺利，大家一致认为那个根正叶纯的文化站站长很合适，当时这位站长谦让了一下，也没拒绝。那位事先有事请假的黎老师中间来报到了一下，因要看管小孩就先走了。当晚，我就前往文化站站长家，送给他语保绿皮"手册"让他准备一下，并了解了一下他的家庭情况，看看可否再找个合适的"老女"发音人，说不定他爱人就合适呢！如果他家成了语保一家人，该多了不起！随后商定第二天早上8点他到我住的宾馆开始调查"手册"上的单字并录音。我心里一块石头落地，庆幸自己工作顺利，旗开得胜！

那是来黄流的第三天，我团队负责录制音视频的小吴在第二天就到了。早上8点，那个文化站站长还没到，我们只有耐心等待。到了8点半，他终于来了，还带着他老伴。我们以为可以开始工作了，哪知道，他是来回绝当发音人的。自己觉得不守信用有点难堪，就让口齿伶俐的老伴说情说理不愿承担。我也笨嘴拙舌，说服不了他，只能既来之则安之。什么事情都得大家情愿，不情愿做了，还能怎样？

不能坐着干等。我就再次来到黄流中学门房，和那位前天傍晚认识的值班人员说情，跟他诉说找发音人困难，开会议定的一夜间发生变卦，只好从头再找。这位张姓老弟，很同情我。我问他，是否知道黎老师家住哪儿？他说他家和黎老师家离得不远，可以带我去。于是我们一行三人乘坐一辆三轮载人摩托，来到了黎老师家。

黎老师家院落整齐，小洋楼前的院子里种着两棵龙眼树，旁边还有一个不小的鸡棚，二三十只鸡"咯咯"叫个不停。最有意思的是，他家大儿子有一对两岁左右的龙凤胎，小儿子又有一个更小的女孩儿，所以三个幼儿需要一对老人照应，确实忙碌不堪。

看到我们到来，抱着孙女的黎老师连忙接待我们。还特别说，头天下午开会，他虽然请假了，但想着我给他亲自打电话请他参加会议，从礼貌出发，也该到会说明一下。而此刻看到我们由门房人员带来来到他家，更感受到我们对他的诚意。

黎老师确实需要照顾孙子孙女，确实离不开家。人之常情，我完全明白，充分理解。我当时就问他，能否由我们来他家上班，他可以一边照顾孩子，一边为我们当发音人？他看我们确有诚意，不忍拒绝，就欣然答应了。

于是，我调查记录黄流方言，就在他家上下班，既不影响他照顾孩子，也完成了语保的调查笔录。音视频则请他到宾馆摄录。任何时候，只要我有问题请教，一拨电话，就能得到他的热情回应。

这使我联想起多次在海南的调查经历。一次是振兴托付我带他两个从韩国来学习汉语方言专业的博士生，去文昌头苑村记录方言。当地林电、钟炎夫妇，不仅替我们联系发音人，而且还为我们提供食宿，支付发音人费用。一次由同事文中童老师和他父亲文诏清先生（文天祥族弟文天瑞后裔）带我到他家万宁县后安镇曲冲附近去调查方言，两天下来我就身体不适，那位发音人连忙替我把脉诊治，我已经忘记了那位老师的名字，可那份情意则永留心间。一次，同事林敏老师（佛学研究专家）用摩托车驮着我去他家乡的派出所调查小村镇地名，我们观看了私家宴请时举办的村社古老木偶演出，品尝了寺院馨香洁净的素食斋饭，至今难忘。

还有一次，十多年前，我当时是为《新编中国语言地图集》海南省方言地图的编制而工作，由海南师大陈鸿迈老师介绍，找到海南长流土话的发音人麦光燊先生。连续工作多天，我理应而且已经准备好付给发音人工作报酬，但是麦老师坚辞不受，还在工作中间休息时，提供茶水点心。当我邀请他外出用餐时，他都以年老牙齿不好为由谢绝，反而请我去长流人开的饭店里品尝乡土特色的饭菜，了解乡情习俗。麦老师给四个儿子取的名字是学犁、学耘、学强、学斤，可见老先生的高洁品性。我们成了终生不忘的朋友。

我觉得我特别幸运，多少次，在寻找发音人时，总能如愿得到我需要的帮助、支持，总能让我学到知识、增长见识。

走访沙巴"山东村"甲必丹记略

郭熙（北京华文学院）

沙巴是马来西亚东部（东马）的一个州，首府是亚庇，又称哥打京那巴鲁。亚庇人口以华人为主，通行客家话。据我所知，东南亚华人语言的主体是闽、粤、客三大方言和"华语"，也知道印尼棉兰有"川音国语"；然而，2013年跟马来西亚沙巴华北同乡总会张景程会长的一次工作会谈，使我知道沙巴客家话环境中，还有一个说北方话的"山东村"。当时我就跟张会长约定，有机会一定要去实地看一看。

2019年3月，我和王晓梅、祝晓宏到马来西亚和新加坡各地进行为期三周的海外华语资源调查，沙巴的"山东村"自然成了这次田野调查的一个重点。

3月8日中午，我们如约从吉隆坡飞抵亚庇，一下飞机就接到张会长的微信视频通话，他已在机场等候。办完沙巴入关手续，推着行李出来，我一眼就看到了这位身材高大、脸色稍黑泛红的"山东村"甲必丹。

甲必丹是个音译词，意为首领。早期华人甲必丹由殖民者任命，协助处理华侨事务。沙巴目前有百余位华人甲必丹，张景程先生就是其中的一个。在沙巴期间，我们多次听到人们这样亲切地称呼他。

生于1950年的张景程是"山东村"的第三代。其实，"山东村"名不副实，村中真正来自山东的没有几户，它也不是我们想象中的聚居型村庄，而是一个分散居住的区域。甲必丹介绍，根据当时中英两国的协议，1913年9月20日，他们的祖父辈108户439人来到亚庇。问到"山东村"的得名，甲必丹说，当年英国人在中国征召山东人，实际上多来自天津、河北等地。起初大家隐瞒身份，后来才说自己是华北人、天津人或津侨，渐渐地将"山东村"改为"天津村""津侨村"。

在马来西亚，华人的墓地称为"义山"，而天津村的墓地则明确显示为"津侨坟地"，就在津侨坟地的旁边，还有一片墓地"津侨回教义山"，墓碑上清晰地刻着祖籍河北、天津等字样。墓碑上逝者的来源地有很多，例如"天津沧县""山东省凌县（应为陵县）""河北独留县""河北省天津文安县""河北固安""河北省深州县""河北静海""河北省北京宛平县""河北天津县"等字样。

这位只念到初中的甲必丹深知记录这些历史的重要性，1994年担任马来西亚华北同乡会会长后，他就按照"做件大事"的计划，花14年时间，完成了《马来西亚沙巴华北同乡会族谱》，真实地记录了当年108户华北乡亲南下婆罗洲的历史。遗憾的是，他当年访谈时的大批录音资料都未能保存下来，否则，会是非常珍贵的沙巴北方话口语语料。

穿过以他父亲名字命名的道路，我们来到甲必丹家。院里屋里，到处都是石头。甲必丹说，这些都是玉石，他遇到就买，当即要每人送一块。我们以行李超重为由婉言谢绝。因为晓梅家在马来西亚，分别那天甲必丹还是硬塞给她一块。除了石头，甲必丹家里更有各种各样的关于毛泽东的书籍、照片和塑像等，他跟我们讲起对祖国方方面面的关注，还讲了不少相关的故事。他家里还有许多舍不得丢弃的旧物,似乎也都在表明他对故园的眷恋不舍,这跟他花14年时间编写族谱或许有着共同的思想意识基础。

在甲必丹的陪同下,我们访问了同乡会的许多董事。在同乡会会所,我们吃到了热腾腾的饺子,皮薄馅大,里面是满满的猪肉和山韭菜。在马来西亚居然能吃到正宗的北方饺子,着实让我们的田野调查带上了野味,同时也增加了更多的亲切感。我们进入村里实地考察语言使用情况时,甲必丹的侄子砍开了刚从自己树上摘下的椰子,凉爽可口的椰汁里,我们喝出了他们对来自祖国亲人的亲情。在我们参观山东村最早的中英学校(早期称津侨小学)以及后来又办的中文学校的时候,惊喜地发现,在他们的中文学校里,有一半是土著学生。孩子们看到甲必丹,非常兴奋,不用问,他们是甲必丹的宝贝。为了传承中华文化,甲必丹已经而且正在奉献出他的许多许多。

昔日的沙巴山东村无论是名字还是实体都已经成为历史,那里的北方话也正在逐步为客家话所替代。目前北方话还在部分"村民"中不同程度地保留着,第四代津侨有一些会说天津话,但更多的是说客家话和华语。在跟我们的交谈中,甲必丹本人仍然说沙巴的北方话,而他跟当地人交谈时,时而说客家话,时而说当地的杜顺话。他称自己跟我们说的是天津话,在与他相处的几天中,确实听到了很多天津话的发音,例如普通话开口呼零声母前加[n],平翘舌不分,前后鼻音不分,等等;但我们明显感到他说的天津话和他哥哥、侄子们不同。问及此事,甲必丹说,这是因为他常回国的缘故。事实上,我们注意到,他的话也受到当地华语和客家话的影响,例如他几次说到"zuòlóng",我后来才明白是"做农"。

  关于家乡话的消失,在当地人看来已是无法避免。村民已经失去了保留这些家乡话的兴趣,而客观上的散居,跟外村人的通婚,都导致北方话失去了生存空间,他们的后代正在融入当地的华人社会。四天的田野调查,我们既有终于看到当地华北人语言生活情况的成就感,同时也为这种即将在沙巴土地上消失的中国北方话感到伤感。当然,这种现实情况更让我们感受到收集记录这类语言资源的迫切性。

珍贵的调查

汪平（苏州大学）

各人有各人的工作，各人的工作各有特点和专业性。我的专业是方言学，这个专业的一大特点是要做田野调查。不但自己做研究要调查；作为老师，指导研究生也要带他们调查。这在外人看来，好像没什么值得注意的，我自己多年来也没特别在意，到不久前才发现，原来其中还有点意思！

学生和老师是有距离的，层次越高的教学，师生距离越远。对研究生来说，学习内容比较专门，讲解的场合和气氛不免严肃庄重，老师板着脸讲，学生板着脸听，实在顾不上交流感情。一讲完课，学生立刻告退，不再打扰老师，更谈不上跟老师聊天、说笑。

但是，带研究生做田野调查，情况却不一样。调查需要一定时日，一般来说，一个星期或更长时间。在这段时间里，无论调查如何专业、严肃，总得有暂时的停歇，这时师生就要在一起生活、休息，不分彼此。

回忆多少年来，和学生共同调查方言，甚至包括最初自己当学生，被我的老师带着调查的情景，无不历历在目。人手一册《方言调查字表》，放在面前，一个字一个字地请发音人说，边听边记。当老师的，要向发音人反复询问，又要向学生反复讲解，常常说得唾沫横飞，口干舌燥。

热诚的态度终于激起学生们的兴趣，大家也都认真起来，尽管他们专业各异,甚至有的专业跟方言学没有密切关系。

调查工作的安排相对是宽松的,每天上午、下午调查,晚上对白天的记录做些核对、补充,并无更多的任务。剩下的时间,只是在一起吃饭,休息,闲聊。没有美味佳肴,天天共进粗茶淡饭。一时高兴起来,也会和大家对饮一两碗土烧(土烧酒,自家酿造的白酒)。这叫同甘共苦。

有特色的方言往往在交通不便的农村,远离尘嚣。湖南桃花江、湖南汨罗江、湖北嘉鱼长江、山西祁县祁奚故里、江苏高淳固城湖……多年来,一次次与年轻人徜徉于这山间水滨,在辛勤工作之余,从青山绿水中接受大自然的慷慨馈赠。我们无拘束地信步前行,信口闲谈,越出方言话题,谈爱好,谈人生,谈随便什么偶然想到的事。师生间的距离在交流中靠近,感情在靠近中油然而生。学生性格各异,开朗乐观的、沉稳谨言的、大胆活泼的……无不在自然中流露出来,带着青春的朝气。这朝气进入我的胸中,带出我也曾有而本已消退的朝气,与学生共舞。

从学生无拘束的言行中看得出,他们发现了这个老师原来不是个只会讲枯燥的[a][o][b][p]的学究,也有好恶喜怒,也有血有肉,可亲可近。

在我这里,则有信心相信,我的形象将能长远地留存在学生心中,不至于很快消失。

第一手活的语言材料是语言研究的珍贵资源,它保存在我的录音机和笔记本里,将永久珍藏;而难忘的师生之谊,则保存在所有参与者的记忆中,更显珍贵。这一切都是课堂上完全不能得到的。

在非专业的外人眼里,方言专业是稀奇古怪、枯燥乏味的。

我的学金融的老同学们始终弄不清我改行干什么去了。一位当行长的老同学说汪平在天上,不食人间烟火。他们怎么会想到,我在这个新的领域里纵情驰骋,竟然如此自在舒畅!真是乐在其中。这哪里是外人轻易可理解的?

在田野中认识真实的世界和语言

赵蓉晖（上海外国语大学）

对语言学家而言，田野调查既是基本功，也是重要的工作方式，但外语专业的研究者对田野工作的了解似乎更多停留在书本上。我读大学时就读于俄语专业，此后一直在外语类大学工作，课堂和书斋是基本的工作场所，但在阅读语言学、人类学、社会学、跨文化研究的资料时，对那些基于田野调查做出的精彩研究一直钦佩和羡慕不已。开始做社会语言学研究和教学后，我更关注现实中发生的各种语言现象，尝试着做了一些田野调查后，越来越喜欢这种接触真实语言生活的工作方式。

第一次调查是带着学生在解放军外国语学院的生活区做语言应用和语言态度调查，我们分成若干个小组，按事先设计好的问卷和抽样方案做入户调查。当时，我和班级里年纪最小的女生搭档，一共走访了 12 个家庭。调查结束后的总结会上，参加者无不觉得建立信任关系、让调查对象配合是最困难的事，语言态度和语言使用实况间的差异，也让我们真切地认识到了实地调查的重要性。后来我调往上海工作，有更多机会接触校园外的世界，做过外语培训班教师、国际旅行团导游、商务会展和谈判口译员、行业标准和文件的笔译、外国人的汉语老师、大型国际活动的主持人和翻译、国际体育比赛的活动助理、海外企业的中国代表等，开拓眼界之余更让我了解了外语在现实生活中的应用情况，也发现了课堂外语教学和实际外语应用间的差距，开始对外语教育教学有所反思，并进一步思考了语言能力、交际能力、跨文化沟通、教材编写、教学方法等问题，由此走进了基于语言应用实际的研究领域。

最近几年，我因课题研究的需要，先后三次在纽约、东京做田野调查。每次调查的时间少则30天，多则50天，走过了两座城市的众多街区，探访了不同类型的机构和社区，拍摄了数千张照片，整理出十几万字的田野笔记，对国际化城市的多语现象进行了最直接的观察。还记得第一次进入纽约的田野工作前，我踌躇满志地带去了一套自认为非常完善的调查方案，准备探查若干个观察点后回去填调查表做量化分析。可一旦踏入真实的纽约，这座拥有几百种语言和族群的城市立刻让我感到"头晕目眩"，因为她的超多样性远比我预想的要复杂得多，我起初设想的调查方案仅仅能够触及她很小的一个部分，远不足以反映真实的多语状况，更谈不上深入了解她的多语共存模式了。记得我当时非常失落和无助，带着一堆资料在哈德逊河边的公园里接连坐了好些天，不是翻阅资料、做笔记，就是对着涛涛河水发呆。直到有一天我终于"顿悟"，重新设计了调查路线和调查方案，拓展了研究内容，修订了研究方法，以真实反映纽约的多语生活实际，也因此完善了项目研究内容。此后，我又调查了东京和上海，发现在纽约所做的新调查方案的确是符合国际化城市语言实际情况的。以理解纽约的超多样性为基础，再观察东京和上海时，就可以对三座城市的共性和个性有清晰的理解和把握。

田野调查的过程有苦有乐，对体力和心理都是巨大的考验，但其中遇到的很多人和事，都已成为极其宝贵的回忆。还记得我第一次在纽约调查时，住在布鲁克林的一家青年旅舍，同住的伙伴换了好几拨，其中和我住的最久的是一位法国的英语教师和一位来自印度的医院实习生，我们每天晚上一起分享白天的经历，经常促膝长谈到深夜；一位街头卖书的阿拉伯老人给我唱阿语版的《古兰经》，热心地要给我介绍阿拉伯丈夫，为的是让我每天都能听到这优美的唱经；在法拉盛唐人街，一对来自上海的老夫妇给我详细介绍了他们在纽约的移民生活和语言问题；在小意大利的市场上，自称有三个祖国的马克（他的父母分别来自希腊和意大利，他出生在美国）请我品尝正宗的意式奶酪，对着地图花了整整一个小时给我介绍纽约移民分布和迁徙路线；在小埃及，在纹身店工作的小伙子阿里热心地陪我走街串巷；在海滨区，一位波多黎各裔的先生在回答完我的询问后两次"偶遇"，居然表示要跟我回中国；在地铁站里，有位老人的温暖歌声是我每天结束行走的标记……在东京调查时，我可爱的小助手小黄、非常认真地帮我查资料的研究员松子、社区健身中心努力用英语和我交流的管理员大婶、街头接受我询问时急得满脸通红的小伙子、负责的警察先生、礼貌的市政管理员……和他们的交往虽然都很短暂，但至今想起来仍然感到非常温暖。在东京时由于语言不通，我的语言交流被减少到最低量，真实体验了语言隔膜带来的孤独感，也对其他交流方式的力量有了更真切的理解。

　　语言存在于社会应用，语言研究者必须始终关注这个事实，才可能把握语言的本质特点，做出经得起实践检验的研究。在我看来，田野调查的收获还远不止于学术本身，它让我有机会走出自己的舒适圈，进入更加广阔的现实世界，加深对语言、社会、人性的理解，并获得了更加开放、包容的心态。"像婴儿一样去观察和学习"，这是一位世界级人类学家告诉我的田野经验。我明白，这背后是愿意放弃所有主观成见面向真实世界的态度，以及一颗虔诚而真正开放的心灵。

如何开口说"不"

高婉瑜（高雄师范大学）

中国台湾有许多民调中心负责对大小选举或公共议题做民意调查，民调方式有很多种，较常采用的方法是电话民调（室内电话），往往需花费较长的时间才能搜集到一定比例的信息。电话民调营造了较大的社会距离，调查者与受访者互不认识的情况下，拒访率比较高。有意思的是，电话另一头的男性或女性，是如何说"不"呢？

2009年我曾针对台南市与澎湖县做了电话民调，调查主题是当时的热门话题，台南市的主题是选举，澎湖县的主题是博弈事业（观光赌场）。台南的调查花了20个小时，拨打了798通电话；澎湖的调查花了24个小时，拨打了576通电话。调查方法采取"简单随机抽样法"与"隐蔽调查法"，首先必须确定该电话是台南市和澎湖县的电话，以电脑随机选号再拨打电话，将预定的开场白、题目念出，逐一记录受访者的言谈回应。

根据笔者的电访经验，受访者通常在接到电话的一分钟以内，决定接受访问或表态拒绝，大约是在开场白念出后，就能得到答案了。以台南市的调查为例，开场白是：

【第一段】
您好，我是××学校的助理人员，我们正在进行一项台南市选举的研究，耽误您一点时间，有几个问题想请教您。

【第二段】

请问您家的户籍是不是在台南市？您家年满二十岁有投票权，并且户籍在台南市的成年人有几位？可以请这 n 位中，年纪最小（或最长）的那一位来听电话吗？我们想请教他问题，谢谢您帮忙。

台南市的调查搜集到 108 通有效样本，澎湖县的有效样本是 109 通。我发现两性拒绝的共同点是在彼此不认识的情况下（社会距离拉大），权势值和强加程度为常数时，受访者没有"见面三分情"的压力，顾虑层面减少，两地的男性与女性"打断话轮"偏多，随意打断别人的话，是不礼貌的行为，威胁了对方消极面子。

就"拒绝策略"而言，两地男性和女性最喜欢以"讲理由"的方式表示拒绝。比较而言，台南的女性善于用"道歉"缓和气氛，两地显著区别在于澎湖民众常用"不懂""搞不懂""不知道"来拒绝访问，可能跟受访对象的年龄和主题复杂度（博弈）有关；台南民众问的是"选举"，男性很少说"我不懂""不知道"，他们不想接受访问是因为"对此问题没有兴趣"。

澎湖的男、女性采用的拒绝策略、话轮转换、拒绝模式相似度较高，必须透过逐句分析"拒绝策略"指标的分数后，才能显出女性稍微比男性有礼貌。大多数台南的男、女性会选择随意打断话轮，但是在拒绝策略和拒绝模式上，两性各有一套办法。36%的男性倾向于用一次的间接拒绝模式（不直接说出拒绝），多数回应一些笼统的外在理由或陈述原则的策略，还有 24%的男性干脆直接拒绝对方（挂电话、说"不用"）。相反地，有 40%的女性多以道歉、说明具体的外在理由等策略（如"对不起，我现在没空""抱歉，人家在睡觉了"），减低威胁消极面子的程度。

有趣的是，一般印象是女性比男性有礼貌，但是，我们应依循证据来检验"一般印象"的可靠与否。笔者在特定条件下观察台南、澎湖男性与女性的拒绝行为，依拒绝策略、话轮转换（打断现象）、拒绝模式进行分析，发现从模式的比例或策略得分判断，数据支持台南、澎湖的女性整体上比男性有礼貌的结果。说明了即使面对社会距离较大的语境，女性仍不忘记礼节，表明形成其话语形式背后的意识形态、社会文化具有深远的影响力。

社会语言学的田野调查是十分活泼、充满刺激的研究方法，因为田野调查面对的是活生生的人，每个人有不同的喜怒哀乐、个性偏好，想要获得语料，调查者要承担无数被拒绝的可能。以我们的电访为例，每一次拨打电话就是期待，铃声响起，希望有人接听，就两次的调查目标而言，我们期望的是对方"拒绝"调查，不过，大多数的结果是没人接听、电话忙线、电话故障、转入电话答录机，当然也不乏一些热情的民众愿意接受我们的调查。

有些拒绝是非常直接的行动拒绝，如挂电话；有些拒绝则是言语直接回拒，如"不要""不必"；有人是带有情绪的抱怨，如"那么不用了，要问那个根本就很麻烦"。无论何种结果，调查者都得学会心平气和地接受所有的回应，不能"随之起舞"。

田野调查的另一个好处是，从受访者的回应中透露了平常不易察觉的社会问题，如澎湖民众倾向保守，不愿意表示自己的意见，这点可能和当地年长者居多有关，也有民众表示不知道该怎么表达意见。或许基于"自身关系的内在因素",受访者对赌场的关心程度较低;反过来说,这是一种特殊的社会价值观,即老弱妇孺是弱势族群,弱势族群等同"对社会的公共议题不需关心或无力关心",抑或是社会教育出了问题,导致民众形成这种意识。可是,我们发现有些非老弱妇孺的民众也以"赌场与自己没关系"来拒访,可见民众对公共政策、乡里的建设不热衷已非个案,如果越来越多的人民对政策不关心,这对社会发展而言,不是件好事!如何提升民众对政策的关心与参与感,是执政团队需用力之处。

社区词的社会调查

田小琳（香港岭南大学）

"社区词"是我在1993年12月香港国际语文教育研讨会上正式提出的一个现代汉语词汇学的术语，提交的论文为《现代汉语词汇的特点》。2009年，北京商务印书馆出版了《香港社区词词典》。到2011年，全国科学技术名词审定委员会公布的《语言学名词》里，收"社区词"为正式词条。

其实，"社区词"这个概念的酝酿，要推到我1985年11月从北京到香港定居的时候。那是《中英联合声明》签署的第二年，香港的未来去向其实已经十分明确，即1997年7月1日回归祖国。从1984年起到回归前，香港进入过渡期。

初来乍到，我觉得完全进入了一个陌生的环境。那时的香港，普通话基本不流通，流通的是粤语。问路买菜没人听得懂你的普通话，即便老师们开会也是说的粤语。记得我初次参加香港中国语文学会的一个研讨会，主讲的是一位中学校长，他说粤语，讨论时大家也说粤语，人家笑的时候就我不笑，尴尬地坐在那里，如坐针毡。很快我就认识到语言不通的严重性，加紧练习听和说。大概用了半年的时间，基本上解决了听的问题，说的虽然不准，但也慢慢开口说起来。当基本上可以和香港人交流无碍时，心里的舒畅是难以形容的。这大概就是入乡随俗了。

书面语的交流比口语要好得多。香港的中文书面语也是推崇中文标准语的，可见，秦始皇订立的"书同文"政策影响多么深远。在我们这个多方言的国家里，南北方音的差别很大，有的甚至无法交流。但是有了共同的汉字，共同的词汇、语法规则，共同的书面语标准，就克服了口语上交流的困难。初到香港，问路买东西遇到困难时，常常出示字条就解决了问题。

素闻香港有"百报城"的美誉，要想迅速了解香港，最好的办法是看报纸，虽然报纸的一些文章里，也有粤方言字，但毕竟是少数，和口语对应起来学习，方言字不难掌握。香港的报纸都是私营的，每份报纸很厚，因为里面有很多广告，报纸就是靠广告养活的。20世纪80年代中后期，纸质媒体还是主流媒体。报纸上，政治、经济、文化、教育、饮食、卫生无所不有，内容丰富得很。

看报纸每天都有新收获，除了了解香港社会的方方面面以外，语言的亮点开始在我眼前闪现。《中英联合声明》里说，香港回归后实行"一国两制"。香港报纸上就形象地比喻为"马照跑，股照炒，舞照跳"，这成了大家常说的固定短语了。一些政治性的词语比较容易理解，但是，我慢慢发现有些词语看不明白是在说什么。举个例子，《明报》上刊有两句话是："股民外游心不怿，梦中犹在金鱼缸。"（1987年10月28日）我心里想，股民外游心里为什么放不下他们家里的金鱼缸呢？问了几位香港朋友，才得知"金鱼缸"是"香港股票联合交易所"的谑称。原来联合交易所的大厅禁止外人出入，参观的人只能在二楼指定区域隔着玻璃围墙向下看，穿着金黄色背心的经纪人在里面来回走动，犹如金鱼在缸里游动。想象力真是丰富！同样，就了解到在股票市场，还流行着"鳄鱼潭""大鳄""大闸蟹"这些用来比喻股市险恶的词语，股票市场就像"鳄鱼潭"，控制股票市场的大资本就像鳄鱼潭中的"大鳄",而小股民在股票跌落时就是被捆绑的"大闸蟹"。只有吃过亏的小股民,才能体会这些词形容得如此贴切。

这些有意思的词语,如果不天天记录下来便一纵即逝,再想找那份报纸很困难,因为没有人存报纸,今天看报今天扔掉是香港人的习惯。我就开始做剪报的工作。记得在北京拜访吕叔湘先生时,见到他在沙发的扶手上放着白纸,看报纸时发现语言文字的问题便即刻记下来,他晚年写的很多小文章就是这样积累来的。这是多么好的习惯,也体现了语言学工作者对社会运用语言的关心。可以说,剪报积累新鲜词语,是吕先生的身体力行对我的影响。

我的剪报工作做起来就一发而不可收,各种报纸都是我搜罗的对象,包括《大公报》《文汇报》《香港商报》《香港经济日报》《明报》《东方日报》《太阳报》《成报》《星岛日报》《信报》《新报》《晴报》等,后来还有免费派发的许多报纸;再加上香港层出不穷的八卦周刊,《明报周刊》《东周刊》《信报财经月刊》《饮食男女》《东方新地》《号外》等。语料似乎是取之不竭。由于目标明确,所以看报纸杂志时,这些词有时从标题里就跳出来了,从文章的字里行间就跳出来了。每天这样"捞鱼",日积月累,收获甚丰。随着时光的流逝,剪报的资料就堆成了小山。

我不仅注意报纸杂志,走到街上,在地铁站等车,或者假日到公园游玩,就看周围的招牌广告,看巴士车身上的广告,每每也会有新发现。带上海来的女老师去浅水湾游玩,看到一个灯柱下面刻着"小心沙滩老鼠!"把朋友吓了一跳,原来这"老鼠"

是指在沙滩上偷人衣物的小偷。带出版界的男士们逛湾仔,他们看到有的楼宇挂着"时钟酒店""纯粹租房"的招牌,以为那是廉租的酒店,其实那是色情场所,香港本地人一看就明白的。

收集到词语的语料后,要进一步准确了解词义,需要翻查香港政府的有关文件,阅读与香港政治、历史、文化有关的书籍;更要向不同阶层、不同职业的香港朋友请教。这经常性的调查工作,扩大了我的知识面,给我带来无穷的乐趣,也帮助我融入香港社会。

1988年和1990年,我分别参加了中国语言学会第四届、第五届年会,提交的论文是《香港流通的词语和社会生活》《香港词汇面面观》,里面列举了几百个词例,都是通用词汇里没有的。文章反映了我到香港后语言研究的兴奋点。

语料搜集到一定程度,我便从语料的分析中理出头绪。这些香港社会流通的词语,反映的是香港的社会背景,香港的政治、经济、文化背景下的一些特点,香港人也多用通用语素(通用汉字)组词,这些并不是粤方言词。在同样的粤方言区广州,并不流通这些词语。例如:公屋、居屋、丁屋、纪律部队、宪制、建制派、泛民主派、负资产、饮咖啡、廉政公署、草根阶层、夹心阶层、打工皇帝、伤健人士、绿色炸弹、垃圾虫、垃圾股、牛肉干、母语教学、两文三语、毅进课程、社区学院、高官问责制、认知障碍症等,这些词语密切联系的是香港的社会背景。这也反映了中国不同社会区域的词汇特点。

再从另一个角度看。1986年,香港大学语文研习所所长霍陈婉媛女士曾让我给七八位香港政府高级公务员开一门词汇课,专门讲中华人民共和国成立以来的词汇,特别是政治、经济类词语。我在备课中等于将内地流通的政治、经济、文化方面的词语捋了一遍,还包括改革开放初期产生的新词语。原来,香港高级公务员要为香港回归做准备,他们在与内地政府人员打交道时,常常听不懂一些词语,妨碍了交流。这门课讲了十讲,学员反映良好,接着就给政府的 40 位高级中文事务管理人员又讲了一遍。这说明,内地流通的一些词语,香港人也不了解。这不是方言的差异,而是社会背景不同带来的差异。

因此,是基于八年来的调查研究,我在 1993 年提出"社区词"的概念。我给社区词下的定义是:"社区词,即社会区域词。由于社会制度的不同,社会政治、经济、文化体制的不同以及不同社区人们使用语言的心理差异,在使用现代汉语的不同社区,流通着一部分各自的社区词。""具体地说,同属中国的领土,中国内地、台湾地区、香港特别行政区、澳门特别行政区,在使用大量的共通的现代汉语词汇外,还有一些各自流通的社区词。海外华人社区使用现代汉语时,也会流通一些各自的社区词。"

编一部词典来反映香港社区词的阵势,在搜集大量语料后,便水到渠成了。

我将编辑好的 3000 多个词条,带到广州暨南大学开了个小型研讨会,邵敬敏教授、郭熙教授,还有多位母语为粤语的中文老师,一起来帮助我筛选词条。凡是在粤方言区还流行的词语,那就不是在香港流通的社区词了,就要筛掉。我的母方言不是粤语,这个筛选工作至关重要。我回香港后又进行了整理,词典最后收取 2418 个词条。

选取社区词词条,手工选取在前,网络检测在后。我利用香港的一个网站（慧科网，wise news），对每一个社区词在近几年报刊上出现的次数进行了检测，这样心里就有底了。它们在香港的报刊中确实存在，确实在流通着。像"负资产"词条，哪年出现，哪年用得多，哪年用得少，都可以清楚地看到，这个多少是和香港的经济情况紧密相连的。

感谢我任职的香港岭南大学，资助我编写词典的研究工作；感谢北京商务印书馆周洪波先生，安排词典的出版计划，责任编辑余桂林和朱俊玄两位先生认真负责，编辑过程中与我不断研讨，切磋琢磨。发稿三年后，2009年《香港社区词词典》成书问世。香港社区词的社会调查告一段落。

多语多文：莫合尔图风采

丁石庆（中央民族大学）

我曾两次到呼伦贝尔大草原深处的鄂温克旗巴彦嵯岗苏木（乡）莫合尔图嘎查（牧村）调查达斡尔语海拉尔方言。这是一个小牧村，建于清咸丰初年，村民以达斡尔族和鄂温克族为主，大多数为清雍正十年（1732）清政府从布特哈地区抽调达斡尔等族驻防呼伦贝尔官兵的后裔，已在此生活了两个多世纪。村民们普遍熟练兼用达斡尔、鄂温克、蒙古、汉等多种语言及文字，关系融洽，文化底蕴深厚，语言生活呈现出多语多文的显著特征。建村以来，小牧村涌现出了数十位各类精英人才，成为呼伦贝尔草原上的一朵奇葩。小牧村何以有此深厚底蕴，一直是一个谜团，许久以来萦绕于我的脑海。

一 人杰地灵，英才辈出：小牧村名人风采录

小牧村曾涌现出的数十名达斡尔族和鄂温克族各类远近闻名的著名人物中，包括清代乾隆年间曾担任过都统参赞大臣等要职，为维护中国领土而征战大小金川、西藏、台湾等地，彪炳史册的一代名将海兰察（鄂温克族）；还有内蒙古地区近代革命先驱、著名政治家、社会活动家、教育家郭道甫（达斡尔族）。郭道甫曾与共产国际地下工作者联盟，在共产国际和中国共产党及孙中山的支持下，参加内蒙古人民革命党的筹建工作，还曾在沈

阳创办东北蒙旗师范学校。其父荣禄也是一位开明人士，曾历任索伦旗左翼佐领、总管，并斥资资助其子郭道甫在该村利用自家的房屋创办小学，资助莫合尔图海瑞等5名女青年出国留学。5名女青年在当时毅然决然地剪掉辫子，解除封建婚约，成功逃离封建牢笼，投身共产国际运动，被誉为妇女革命先驱。与郭道甫同时代的福明太（达斡尔族）也参与协助其兴办教育，组织和领导了各种社会活动。另有华霖太（达斡尔族）等反满抗日英雄烈士。小牧村还涌现出苏和（达斡尔族）、呼热巴雅尔（鄂温克族）等数十位优秀的民族干部，他们分别获得"全国劳动模范""全国优秀教师""全国绿化先进工作者""自治区优秀妇联干部""自治区劳动模范""三八红旗手""先进教育工作者"等荣誉称号。著名的达斡尔族作曲家通福也出生在这个小牧村。他一生创作了许多首脍炙人口的歌曲，其中最为著名的是《敖包相会》和电影插曲《草原晨曲》，他曾荣获内蒙古自治区音乐创作最高奖——金驼奖。小牧村还走出了数位音乐家、舞蹈家、演奏家，涌现出一名达斡尔族作家乌云巴图。他在30余年的创作生涯中，用蒙汉两种文字发表了200多万字的文学作品。更令人惊奇的是，村里还有数位赴日本、蒙古国、苏联等国家留学后成长为各类专业人才的学子。尤其难得的是，小牧村里竟然还走出研究《蒙古秘史》的达斡尔族一家三代语言学家和历史学家。其中，成德出生于19世纪末，曾在20世纪初常驻大库伦（今蒙古首都乌兰巴托）期间利用业余时间将《蒙古秘史》还原为蒙古文，最早的版本现存于蒙古国图书馆，其后版本现存于俄罗斯联邦国家科学院东方学院图书馆。他是《蒙古秘史》的蒙译第一人。其子额尔登太曾赴蒙古国留学，回国后从事历史研究。并在其父对《蒙古秘史》研究的基础上继续研究该史书的词汇，出版了《蒙古秘史》的校勘本等工具书。成德其孙阿尔达扎布也曾赴蒙古国留学，回国后在内蒙古大学、内蒙古社科院等高校和科研单位从事历史研究。他在其家族前辈的基础上出版了《蒙文还原注释〈蒙古秘史〉》，祖孙三代半个多世纪研究《蒙古秘史》的历程和相关成果引起了学术界的普遍关注。

二 尊师重教，崇尚知识：小牧村多语多文教育历程

莫合尔图的学校教育始于清末民初的 1911 年，最早由成吉（达斡尔族）倡导村内达斡尔、鄂温克集资创办，最早的"绰罗.格日"（石头屋）小学招收了 20 余名学生。后因战乱等原因多次停办又重新恢复办学，校舍也经过多次集资修缮，不同时期经历了教授满语文、蒙古语文、汉语文、日语、俄语等的过程。后改名为莫合尔图初高两级小学校，成为今巴彦嵯岗苏木中心校前身。其间，郭道甫还曾创办了莫合尔图女子小学，并聘请苏联布里亚特自治共和国女教师索尼娅来校教授俄语、蒙古语、汉语等。海瑞等 5 名革命女青年曾在女子小学就读。

多语多文的学校教育，极大地开阔了莫合尔图村民的视野，也由此培养了一批多语多文人才。这些人中部分又回到了家乡从事教育事业，继续培养各种多语多文后继人才，从而使小牧村多语多文学习蔚然成风，并成为晚辈和后生们的一种时尚追求。

三　自信、自觉、自强不息：小牧村精神风范

多语多文学校教育培养出来大批学生，走向社会后具有各种优势和较强的适应能力，他们很快便成为所从事行业的人才、精英，为村里的青少年树立了榜样，也极大地激发了他们的自信心，形成了一种无形的激励源。

经过多语多文学校教育后，也形成了多方位对比参照系统，经对比、反省，很容易发现各自民族及其文化的缺陷、不足，深入了解并体察异民族文化的优秀之处。这种感悟和反思形成了他们自觉学习外民族语言和吸收其优秀文化的理念，并逐渐培养出高度的自律和适应能力。

为弥补母语无文字的缺陷，走出小牧村的民族精英们一方面积极创制文字，郭道甫就曾创制拉丁式的达斡尔文。也有一些有志之士利用其他满文字母或蒙古文音写母语，甚至还著书立说，创作各种文学作品。但他们绝不满足于用自己的母语来诉说，而普遍热衷于追求用其他语言更直接深刻地表达自己的意愿，由此形成了积极学习更多语言和文字的氛围，并力求达到用他语表达自己意愿的水平和高度。

莫合尔图的底蕴由此逐渐积淀，并代代传承，形成了一道亮丽的风景线。

调查材料比命更重要

李大勤（中国传媒大学）

特别重视语言的田野调查工作是中国民族语言学界的优良传统之一。已经仙逝的前辈语言学家自不必说，新中国培养出来的第一代语言学家，如孙宏开先生、戴庆厦先生等，都继承了这一优良传统，并发扬光大。如今，他们这些贡献卓著且进入耄耋之年的学术大家，仍不时地现身于云、贵、川、藏等田野调查的第一线。不过，学界之所以反复强调田野调查的重要性，这其中的原因多种多样。例如，就民语学界来说，早期的研究者大都不是民语母语者，且所研究的对象大都没有文字系统，更无书面文献可资参考。此外，还有一个大家心照不宣的原因，那就是民族语言的田野调查太不容易了。调查过程中的每个环节都可能遭遇不可预知的困难。来去的路途更不容易，塌方断路、飞石夹击等几乎是家常便饭；有时候为了通过危险地段，甚至得以命相搏。

这里我打算简单地说一下我们在调查完成后返程中经历过的一次危险遭遇。

2001年夏，我随中国社会科学院民族研究所的江荻老师前往西藏察隅县进行了近3个月（6月中旬至9月初）的田野调查工作。其间的酸甜苦辣不可名状，让我们至今记忆犹新的是与泥石流的"不期而遇"。

2001年9月初，我们在完成对格曼语、达让语、义都语等语言的深度调查后，从下察隅镇回到了县政府所在地竹瓦根镇。

在简单休整并与县领导告别后，我们于第三天清晨搭上了去林芝八一镇（今巴宜镇）的越野吉普车，奔上了凯旋回京之路。临行前，为了保护好调查材料，我们首先把整个材料拷贝到磁盘上，放到电脑包的夹层里，并将纸质材料用塑料纸打包捆好，与衣物放到一起，以防路上受潮。

尽管一路上山高水深、路况恶劣，也不时遇到塌方被堵的情况，但由于开车的是位老司机，因此一整天我们的路途基本上都是较为顺利的。不幸的是，到了傍晚开始下雨了，蒙蒙的雨雾笼罩着飞驰的吉普车，如影随形，给人一种不祥之感。就在离波密县城十几公里的地段，我们的越野车出事了：由于视野受限加之速度过快，司机没有看清改道指示牌，一头钻进了因雨天塌方而形成的泥石流路段……我们眼睁睁地看着车身急速地被泥沙淹没！……关键时刻，司机果断下令，让大家各自弃车自救。

此时，我刚从一路颠簸带来的疲惫和迷蒙中清醒过来，一时有点发愣。接着就条件反射地转过身来拖拽自己的旅行包，试图带着旅行包一起下车；但等我拿到旅行包的时候，车子已经被泥沙埋到一半，车门根本就打不开了。抬眼看看江荻老师，他已经拽着电脑包挤出了另一端的车门。此时，我好像有神明相助似的，迅速撕开旅行包，拽出电脑包，不顾一切地将包扔出快要被泥沙封住的车门，而后就像小时候潜泳那样，憋住一口气，猛地冲出只有一丝空隙的车门，并在司机的拖拽下，爬了出去，保住了自己的一条小命。

爬上路基后，我惊魂未定地直起腰，才发现车里的人都逃了出来。他们尽管个个满身泥水，冷得瑟瑟发抖，狼狈不堪，但看到我钻出车子后，都如释重负。我苦笑了一下，抹了一把脸上的泥沙，就赶紧四处寻找我那装满了材料的宝贝电脑，这时见江荻老师手里提着两个电脑包，站在那里微笑地看着我，说了一句让我立马轻松起来的话："都没进水，放心吧！"站在江老师旁边、满身泥泞不堪的老司机在打完求援大哥大（第一代手提电话）后也发话了："你们呀，你们这些大博士呀，为了点材料，连命都不想要啦！"而江老师的回答让我感受到了一位真正的民族语言学者的赤子之心："语言材料就是比命重要呀！"此时我才知道，把调查所得材料看得比命还重要的并不是我自己，江老师也是头顶电脑逃出车门的。出来之后，他全身湿了个透，但却没让电脑包沾到水，里面的电脑和磁盘自然也是完好无损的。

知道自己辛苦得到的调查材料没事后，我才感到一丝后怕。此时再抬头看看夜色中的泥石流，越野吉普车已经被淹没在泥沙俱下的激流之中，只露出一层铁皮还在暗淡的夜幕下显出些许斑白，而那不期而遇的泥石流却依然激情四射，向前奔涌而去。

一个小时之后，在当地藏民的帮助下，动用了多台拖拉机才把我们的越野车拖上了岸。好在车的质量好，老司机的水平也高，尽管经历了泥石流近四个小时的蹂躏，我们最终还是平安到达业已沉入夜色的波密县城。到我们换洗好准备入睡之时，已经是第二天的凌晨2点。仰望窗外，碧空如洗，县城中几处错落的灯光烘托着万千星座，昭示了我们剩下的道路必将一帆风顺！

不过，吸取昨天晚上的教训，在启程奔往林芝之前，我把磁盘从电脑包中取出，放到贴身的口袋中了。这样一来，此次调查所得的材料就被分别放置在三个不同的地方了：背包里是纸质材料，电脑包是全部音像材料，衣服口袋里是拷贝了3000个词汇、1000个句子的记音材料及部分话语语料。

参与者观察法与语言调查

陆天桥（江苏师范大学）

做语言田野工作，除了通过信息员来记录语料，调查者以参与者的视野来收集材料是对语言进行深入研究不可或缺的方法。通过参与当地的文化互动，与当地人们建立密切的联系，细致入微地观察，可使所获得的语言材料更为翔实。我在调查广西环江毛南语和金秀大瑶山拉珈语的过程中运用了此法。

我在广西环江县待了一年多，学了毛南话，用毛南话与母语人聊天，使自己能以局内人的视野来近距离地观察他们的语言文化，避免远距离观察"他者"所形成的盲区，从而发现局外人难以察觉到的细节。为了拉近与乡亲们的距离，我主动学唱毛南歌曲，在聚餐时抓住机会唱几句，说毛南笑话，让毛南乡亲不把自己当外人。我还品尝了毛南酸肉。刚开始时觉得将生肉放在坛子中发酵三个月会变坏而不敢吃，甚至怀疑这是一种饮食恶俗。其实这是局外人的误解和偏见。猪肉抹上盐跟熟糯米饭交替分层装坛腌制，盐巴可抑制细菌，而熟糯米饭则会发酵成甜酒，对肉起到去腥提味的作用，生肉变成了美味佳肴。调查者如能成为群体的一分子，就会取得大家的信任，从互动的过程中记录到最自然的语言现象。

我在日常交流中注意到毛南语的称谓系统很有特点。此系统折射出毛南族对族群繁衍的重视。如果生了小孩，是要感谢送子仙姑万岁娘娘的。毛南族认为所生的小孩都是万岁娘娘送给的，所以要感谢她。传统上毛南族家庭每代人都必须举行一次还愿仪式,偿还娘娘送子之恩。仪式要杀牲18头。如这代人经济不宽裕,无力举行,则下一代须补办,但杀牲数须加倍(36头)。除了得子而举行的还愿仪式,我发现他们对传宗接代的重视还体现在称谓词中。毛南人在交往中不用姓名来称呼对方,而另有一套称谓系统。比如若有某位叫"谭恒贵"的人,小儿时叫"小弟",童年时叫"弟弟",上学后才叫"贵";结婚生子后,随着儿子各个成长时期而相继被称为"小弟爹""弟弟爹""海爹"(从儿子"谭福海"称);儿子结婚生子后,则又随着孙子的成长而相继被称为"小弟公""弟弟公""杰公"(从孙子"谭文杰"称);到孙子又生子后,又必须相继被称为"小弟祖公""弟弟祖公""洪祖公"(从曾孙"谭智洪"称)。毛南人一生中须根据自己在家庭中的角色改名十几次。我在平时聊天中发现,毛南社会中的成年人最忌讳别人直呼其名,而是希望其名"从幼称"(有异于"亲从子称"系统),即对他的称呼要参照最小辈的直系亲属或小于自己的同胞亲属。如本人无子嗣,到了成年,父母只好称之为"哥哥"(即使其弟不在场),如他在家里排行最小,则称之为"弟弟"。这是为了给无子嗣者留面子,因为在成年阶段仍被直呼其名是一大忌讳。这一语言现象体现了毛南的文化特点,隐含着对传宗接代的重视。所以,毛南人为了不被直呼名字,必须想办法结婚生子。这也许是语言制约思维的一个例子吧。马林诺夫斯基认为,文化现象是有其功能的,此称谓系统的功能估计就是保证族群的延续。*Teknonymy and Geononymy in korean kinship Terminology* 一文中所说的"从地称"(geononymy)是唯一能为老而无嗣者挽回面子的称谓。毛南族成年男子在社交场合中，对无子嗣者或家庭背景不明者用其所来自的地区称呼，如"内卢公""六圩公"等，即来自内卢的男子或来自六圩的男子。我在《广西民族研究》上发表了对此现象的分析，并得到了毛南山乡族人的肯定。

在田野工作中与母语人的频繁互动还可以提高自己的洞察力，对过去学界的知识偏差做出更正。2017年夏天，我到广西大瑶山调查和记录茶山瑶的语言。大瑶山的瑶族有五个支系：盘瑶、茶山瑶、花篮瑶、坳瑶、山子瑶。茶山瑶族群说的是拉珈语，族群自称为"拉珈"。过去所有的文献对茶山瑶的自称"拉珈"［lak^{24} kja^{24}］的解释是："拉"［lak^{24}］意为"人"，而"珈"［kja^{24}］意为"山"，即"住在山上的人""山里人"。我正是带着这个"山民"的概念进入大瑶山的。后来我在调查拉珈语时，通过平时闲聊发现，学界对这个族群名称的解释并不准确。茶山瑶长者苏先生请我们调查队一行到他家吃饭，品尝他前一天打到的猎物，还聊起上山打猎和下河捉鱼的趣闻，经常谈及翻山越岭和穿过森林的事。我从他平常的叙述中隐约感觉学界以前对"拉珈"族称含义的解释似乎有偏差。因为我觉得他所说的［kja^{24}］经常指的是"树林""林子"，而不是"山脉""山峰"或"山包"。比如"竹林"在他口中是［kja^{24} fan^{51}］（林子_竹子），"树林里面"在他口中就是［kja^{24} tsei^{55} tsak^{55} ou^{11}］（林子_树_边_里）。我怕理解有误，用手指向河边的一片树林问："那片林子叫什么？"他说［kja^{24}］。所以，"珈"［kja^{24}］是"树林""林子"的意思。大瑶山的山岗和河谷都被茂密的森林所覆盖。如果说它带有"山"的意思的话，也只能指"被树林覆盖的山"。就是说"拉珈"［lak^{24} kja^{24}］的准确意思应该是

"森林人"或"山林人"。所以对词义的核查应该尽量殚精竭虑。如果没有跟母语人进行频繁的日常互动的话,我们今天仍然认为"拉珈"就是"住在山上的人"。

在过往的语言田野调查中,我们通过参与者观察法获得了很多宝贵的语言材料。在将来的田野调查中,我们将继续采用这种行之有效的工作方法。

破解"绿色代码"

许鲜明　白碧波（玉溪师范学院）

2012年9月29日下午，我们来到西双版纳州广播电视台，对云南境内的濒危语言进行调查监测时，见到了多年从事哈尼文编辑、哈尼语播音的黄荣生、杨泽华老师。他们无意中提到了勐腊县的小族群——排角人。2004年以前，他们属于"未识别族群"。后来，当地政府以语言文化相近之由，将"排角人"划归为哈尼族。

第二天，在黄荣生和杨洪康老师的陪同下，我们驱车来到了勐腊县城，与王明生、茶娥、陈平老师等会合后，中午到达勐伴镇曼冈村，见了村长岩坎旺、妇女主任依腊等村干部。交谈中我们了解到，"排角"是他称，"搓梭 [$tsho^{55}sɔ^{55}$]"是自称。他们独居一村，共有47户189人。

在波崩长老家吃饭时，陈平老师介绍：搓梭人对植物情有独钟，喜欢用植物的花、果、叶、藤、根、茎等器官传递信息，如玉叶金花表达"白头偕老"，无根藤表示"请勿造谣"，木棉树表示"远走高飞"等。当地人把这种现象称为"绿色密电码"。搓梭人曾为400余种植物赋予过隐喻文化意义，基本覆盖日常生活中能接触到的植物，内容涵盖爱情、祭祀、生育、丧葬、伦理等。这一现象让我们产生了极大的兴趣。调查发现，依腊家房前屋后就种有64种植物，是个天然的植物园。但也看到搓梭人人口少，该地区因大力发展香蕉、橡胶等热带经济作物，大面积的原始森林被砍伐殆尽，植物种类和数量以惊人的速度在减少。教育的发展、手机的普及，使得植物代码已完全被手机短信或微信取代。若不尽快抢救，随着老人的离世，搓梭语言文化将销声匿迹。这对人类来说是一种重大的损失。

因此，2013年元旦，我们组成了一个由语言学、民族学、人类学、植物学、现代技术等专业的老师参与的课题组，走进曼冈村，对搓梭语、"绿色代码"展开了调查。

这是一个跨语言学、植物学、民族植物学、语言文化学、语言人类学等领域的调研，具有很大的挑战性。

第一，植物种类繁多、无处不在，要从原始森林、橡胶林、香蕉林、路边、河边、沟边等普遍生长的种类中指认出那种具有代表意义的植物，并非是件容易的事。因此，地毯式搜索，寻找代码植物是我们田野调查中的重点。但是，调研中发现，由于当地大力发展橡胶、香蕉、砂仁等经济作物，大面积的原始森林被砍伐殆尽后，加上现代农业普遍使用除草剂，过去常见的植物，现在已找不到了。第二，不同的植物有不同的生长季节，有的植物，错过季节，树叶枯萎、落叶，抓拍不到能反映植物特征的照片。这样一来加大了植物辨认的难度。因此，有时要获得一张完美的植物实体照片，得等来年，有的甚至等了两三年。第三，有时虽拍到了植物照片、视频，也记录了搓梭名称，但很难查找到汉语名称、拉丁名称、英文名称等。因有些植物有不同的变种，在植物分类中貌似而神离。第四，传统植物知识、生物生态知识的收集，需做大量访谈。因为这些知识都不汇集在一起，而是散落在个体语言文化拥有者的头脑中，零散甚至支离破碎。只有集中不同年龄段的知识或经验，才能补全或系统化。第五，元数据采集是田野调查中的重要环节，不容忽视。调查日志要专人记录和整理。植物采拍地点、时间、人员应详细记录。这有利于后续的追踪调查。

全面收集、系统描述、精准破解植物代码是我们迫在眉睫的主要任务。两个多月来，我们抓住机会，访谈了来曼冈过"新米节"的老挝搓梭人，和他们一起上山，寻找、指认植物，讲解代码植物的使用场合和表达方式。

为获取第一手资料，五年来，我们扩大了调查点，涉足勐腊、勐伴、瑶区、易武、江城、绿春、元江、墨江、普洱、景洪，以及老挝南塔、丰沙里等地。2014年统稿时，我们仍有10多种植物照片空缺。因此，11月4日，我们到了邻国老挝调研，拍摄植物照片。上午7点，我们自驾从勐腊县城出发，前往磨憨口岸，再从磨丁口岸入境，进入老挝南塔省。快到南塔时，在路边我们拍到了两种植物照片。在与Luang Namtha Teachers' Training College（南塔师范学院）中文老师Thong Bay（桐柏）和校长Kham Thon（坎通）的交流中，我们说明来意后，校长安排Shark（苏辙）老师做陪同兼翻译。午饭后，我们到桐柏家接上苏辙老师，就驱车前往琅勃拉邦和丰沙里省方向。一路上，我们翻山越岭，看见疑似代码植物就停下来拍照、摄像。这样行车速度很慢，晚上10点我们才到Pak Mong（巴孟镇），在Arlan Guest House（雅兰宾馆）住了一晚。第二天中午12点，到达琅勃拉邦，入住Saysamphone Hotel（友谊宾馆）后，就去公园、湄公河畔指认植物和拍照。第三天，我们顺着湄公河边，找了一天的植物，拍到了野芋头、大草果树等植物。第四天，我们去乌多姆赛、丰沙里省。在陈家生态山庄加油、吃饭时，路边拍到了一种植物。3点半进入乌多姆赛，经过 B. Houaysou（会苏村），B. La（拉村），下午 5 点半到达 Sin Xai（欣塞）。在路边找了一两个小时的植物，发现天色已晚，只好在简陋的旅店里休息了一晚。第五天，早上 7 点我们赶往丰沙里省的路上，途经 B. Laoli（老李村），B. Kok Phao（孔帕村），B. Picheway（匹车伟村），B. Pakha（帕卡村），B. Namly（浦力村），B. Phalek（帕乐村），B. Aya（阿雅村），B. Phialek（匹阿乐村）等阿卡和瑶族村庄，路边我们时不时拍到在勐腊没找到的植物，非常高兴。尽管我们在经过 Boun Tai（宝台镇），B. Sing Hay（星海村），B. Vang Doy（凡董村），B. Don Xay（东海村），B. Nam Phae（浦沛村），B. Gna（歌纳村），B. Sinexay（新海村），B. Phengkhakham（澎卡康村），Boun Nua（宝努安村）等村寨时，没看到有意义的植物，但一路上我们看到许多少数民族，感觉有一些收获。中午我们到达丰沙里省城，入住 Pufar Hotel & Restaurant（山峰酒店）后，在苏辙姐姐的引荐下，参观了丰沙里省民族博物馆，了解了七个少数民族的分布情况。

丰沙里省城坐落在大山上，与普洱市江城县山水相连。第六天，我们离开大雾弥漫的丰沙里，下午 5 点左右到达南塔。晚上，去 Nam Thoung（浦佟）寨与苏辙父母共进晚餐。晚上 9 点半左右，我们入住 Nam Thoung Guesthouse（浦佟旅馆）时，发现旅馆刘老板会说一口流利的云南方言，交流中发现他是玉溪元江人，是同乡。我们对他们的生活经历很感兴趣，晚上对他进行了采访。他说他父辈曾在云南、老挝边境生活。经过两代人的努力，他们现在拥有千万亩橡胶、香蕉园。第七天，返回勐腊前，我们在刘老板的院子里，发现了一种代码植物。

回到曼冈，我们与搓梭人一起通过植物照片、摄像，破解这些神秘的"绿色代码"。调查发现，收录的100余种植物中，有的以植物名称音读编码的，如 [mɛ³¹ mɯŋ⁵³] 波缘山矾，取 [mɯŋ⁵³] 好看，[va³¹ ʐu⁵⁵] 鸭跖草，取 [ʐu⁵⁵] 要、嫁、娶；有的以植物生长周期、花叶变化、果实形状等特性隐喻编码的，如无根藤、玉叶金花等。一般人使用单植物或双植物表达意义。植物知识渊博的人可使用多种植物表达复杂含义。如 [mɛ³¹ mɯŋ⁵³] 波缘山矾：你很漂亮；[gu³¹tɕhi⁵⁵gu³¹tsha³¹] 心叶山黑豆：我们相爱了；[sɯ³¹ho⁵⁵] 木奶果：一见钟情；[hu³¹maŋ³³] 蒲桃：看上你了；[bi³¹tɕa³¹do³³ɕi⁵⁵] 芦竹：有感情了；[sɯ³¹kho³¹] 黄瓜：说话交谈；[lɛ³¹ɔŋ³¹] 香芙木：相处一段时间了但爱没有结果，很伤心；[lo³¹aŋ⁵⁵] 黄泡：聪明善良；[lo³³lɛ³³] 火绳树：我是认真的，不要骗我；[tsa³¹bi³³tsa⁵⁵bi³³] 云南山竹子：你我单身很可怜；[va³¹ʐu⁵⁵] 鸭跖草：嫁给我吧。使用的植物越多，传递的信息和表达的情感越复杂。

2015年，我们把搓梭人使用的"绿色代码"现象界定为"植物暗语"，即"某一特殊社会群体，利用植物器官：花、果、叶、藤、根、茎等约定的语言符号，用于传递隐秘信息，表达思想感情、喜怒哀惧等的词或短语"。

在与搓梭人相处的日子里，我们感受到了搓梭语的优美，植物暗语的深刻与含蓄。同时，面对搓梭语的濒危，植物代码的消亡，我们也深感不安。因此，希望我们破解、记录、整理的搓梭植物语能永久存留。

"裸　调"

胡松柏（南昌大学）

"裸调"仿拟"裸婚""裸考"一类词而成，纯属个人杜撰。我给的定义是，方言田野"裸调"，指方言田野调查过程中，未借助任何既有的社会关系而在陌生的调查点开展调查。

做语言调查的人都知道，觅着了合适的发音人，就如同申报项目选对了题目，先已成功一半。而这先行寻人的一半，往往颇为不易。不过我对这似乎感觉不很深刻。1981年起，我在上饶师院教书25年，上饶、鹰潭、景德镇近20个县市区的哪一个乡镇都有当中学教师或乡镇干部的学生，我方言调研长期囿于赣东北一隅，下去调查都会有"关系户"把诸般事宜给安排妥帖，不劳自己多费神。

2010年我已在南昌大学，接到了第二届湘语研讨会（10月）的邀请函。我对湘语向无研究，恰好我在指导硕士生做"赣北河南话"的学位论文时，从环鄱阳湖十几个县市的方志和地名资料中发现了湖南籍移民的信息。盛情难却，我便以"赣北湖南话"为题提交了参会回执。眼看会期临近，为完成论文我决定趁国庆假日时去调查。选定的调查点在鄱阳湖西的永修县（九江市辖）。只是那里我没有任何社会关系，研究生和本科生中也没有问到能够提供帮助的同学。我想干脆就不找人先行联系，直接去，也借此真正体会一下田野调查的艰苦。

"十一"一大早，我带了入学没几天的硕士生男生小颜（考虑到可能遇到的困难,我没有带女生去),先乘火车再换乘中巴客车,直奔永修县境西北的梅棠镇。镇政府所在地大坪街上,操本地"永修话"和"河南话""浙江话"的居民杂处,随处可见"多语码转换"的交际场景。只是我们此行目的是调查"湖南话",也就没有多做逗留。要去的是石桥行政村下面的高山自然村。问路时经过镇政府,想想街上居民答问时一脸狐疑的神情,我觉得还是要去跟政府的干部打个招呼。不料院子里没人,辗转问到一个值班的人,其实也不是什么干部,是在政府隔壁开录像厅的,镇政府委托他假日代为看守。略谈几句,我要了他的电话号码。

乘三轮车跑了七八里路后,我们在一个路口下了车,又沿田间阡陌走了一两里,到了高山村。低矮的山坡下,错落散布着林木掩映的村舍。村口遇见一群嬉戏的小孩,便让他们带去找湖南人的人家。村子里,湖南人11户,其余10户是本地人、河南人、湖北人。第一家湖南人家,就有一位年近七旬的老者。打量一番门口的不速之客,他以为我们是搞推销的,没有让我们进屋。我费了不少口舌,他总算有些明白,然而还是以年纪大为由拒绝接受调查。不过从他的目光中可以看出,其实还是不信任。我们只好挨家挨户再去问。谁知连着找了好几家,不是家门紧闭没有人,就是光见妇女小孩在家。怎么办,只好又回到第一家。

这一户湖南人家姓沈,我便对老者以"沈大哥"相称开始攀谈。我没有再说方言的事,只是问他家由湘入赣的经历。沈大哥有了一些谈兴,说起他家是20世纪50年代从望城县(今长沙市望城区)迁来永修县的。我马上想起,我家乡的一个表舅母就是那个时期从湖南盲流到赣东北嫁人成为外来媳妇的。于是我便与沈大哥说"我有个亲戚是你们老乡",聊起"那些年过得不容易呀","离开老家想不想回去看看呀",等等。在门口立谈了好一会儿,他把我们让进屋里。我心中窃喜,看样子可以把话题转到调查上来了。

我掏出笔记本正准备记录发音人的家庭信息时,随着一阵摩托车的"砰砰"声,门外大步流星进来一个三十多岁的汉子,他不容分说,推推搡搡地要把我们往门外赶。沈大哥觉得有些失礼,把汉子拉到一边说了几句,汉子压低声音语带呵斥。他们的话其实我都听懂了。汉子是沈大哥的儿子,听老婆打电话说家里来了生人,立刻从做工的镇上赶了回来,生怕父亲受骗。他沉着脸直吼:"我们家只有老人在,不管你们是干什么的,你们走!你们走!"

没想到会是这样的局面。我一时没有了主意,只能离开沈家。踌躇间我们走到村外路口,想搭车先回镇上。谁知等了半天,又未见有车子往来。时已中午,农历八月下旬,太阳尚有些余威。看看小颜紧张困惑的眼神,我额上渗出了涔涔细汗。远望村舍炊烟袅袅,赶早吃的早点,到这会儿猛的颇有些饥肠辘辘之感。蓦然,脑际冒出应景而生的两句诗来:"屋上轻烟报午炊,田畴'裸调'可寻谁?"

先后两番登门遭拒,唉,说到底还是不被信任。怎样才能让他们相信我们呢?这时候,我想起那位镇政府的代班者。想着给他打个电话,请他给沈大哥的儿子说说,本地人之间应该可以更好沟通的。我连忙拨通那位代班者的电话,他倒是很热心,一口应承。我想,他应该是替镇政府代班很想以政府人的身份做点政府的事吧。我们连忙回到沈家门口。看到我们再次登门,父子俩很是惊讶。我说请镇政府的干部介绍一下我们的情况好吗？随后拨通了电话递给了沈大哥的儿子。谈了三五分钟，这汉子神色缓和了下来。我说，我们一不会要你们往外拿钱或拿东西，二还会给你们劳务费，能骗了你们什么呢？他笑了，看来他判定我们所要做的事情确实不会对他们有害。他只是又问："你们调查我们的话究竟有什么用呢？"

峰回路转，我长长地吁了一口气。我又提出："中午就在你们家搭个伙食，我们付伙食费好吗？"沈大哥热情地说："就是没有什么好饭，饭钱就不用啦。"

匆匆扒下两碗饭，我们就在门前空坪树荫下搁张桌子，开始向沈大哥做调查。这是一次简式调查，傍晚时分480个单字音和480条词语的调查录音便完成了。

最后调查音系的声韵调例字。为了便于对比声调的调型、调值，我请沈大哥把"高猪专尊低边安""梯题体弟替第滴笛"等字连起来读一下，哪知他神色一下子严肃起来，连连说不读。我莫名其妙，再三相询。他迟疑着说，前面都是一个字一个字读的，这一句一句读的，不会有什么不好吧？哦，原来他是把这些连读的字当成了一种咒语类的东西，怕对自己有害。我不好强人所难，只得作罢，结束调查。

眼看日薄西山，还得赶到县城去住（镇上没有住客的店），师生二人匆忙去路口拦三轮车回到镇上，总算赶上了最后的进城班车。奔波一天，不由感慨在我们这般的人情社会中，田野"裸调"还真是不容易。如何与被调查者沟通，如何取得被调查者的信任，确是从事方言调研的我们必修的课程。关系人之间的信任，老百姓对政府的信赖，都是田野调查过程中可资利用的至关重要的交际资源啊。

　　暮色中秋风拂面,趁着困意给中午的诗句续上了两句:"蓬门三顾叩终入,风送归程沐夕晖。"算是给这次难忘的方言田野"裸调"之旅作结吧。

异域采风纪

侯兴泉（暨南大学）

峇眼亚比（Bagansiapiapi，简称"峇眼"）位于印度尼西亚苏门答腊岛廖内省东北部马六甲海峡边上，是一个由福建籍闽南人于清同治年间开埠并发展起来的渔港城市。峇眼全市有7万多人，其中福建籍闽南人占了85%以上，是一个纯粹以闽南人为主的海外华人社区。

我能跟峇眼这座城市结缘并最终决定前往调查这里的闽南话，主要是因为我的学生曾娣佳。娣佳是我招收的第一个印度尼西亚籍海外硕士，她父亲是印度尼西亚山口羊的客家人，母亲是峇眼的闽南人，她本人已不会讲父母的方言。得知峇眼是一个比较纯粹的海外闽南人社区之后，我建议她以峇眼闽南的词汇研究作为硕士论文的选题，娣佳权衡之后觉得可行也就答应了。在去峇眼实地调查之前，我让她利用寒暑假的时间先去一趟峇眼，做一些前期的摸底调查。了解了当地的基本情况以后，我们又在暨南大学华文学院找了几位峇眼的留学生调查了峇眼闽南话的音系和2000个左右的常用词。准备功课做得差不多了，我正式决定在2018年2月20日（农历正月初五）动身前往印度尼西亚调查那边的海外方言。

我于2月20日下午到达印度尼西亚首都雅加达，娣佳已早早地等在机场接我。我们在雅加达休整了一天，然后在22日清晨启程前往峇眼。现在回想起来，那真是漫长的一天！天刚蒙蒙亮，我们就开始动身前往雅加达苏加诺国际机场，然后飞往苏门答腊岛廖内省的省会城市比干巴鲁（Pekanbaru）。在比干巴鲁一个路边小店随便吃了点午饭之后，就坐上娣佳表哥提前帮我们订好的商务车前往峇眼了。从比干巴鲁到峇眼大约有 7 个小时的车程，两个城市之间没有公共大巴，也没有高速公路，只有一条类似于省道的两车道水泥马路。路上的货柜车来来往往，许多路面被碾得坑坑洼洼，活像中国 20 世纪 90 年代初期的马路景象。商务车的司机为了能够赶在当天来回，一路开着动感十足的汽车音乐，以时速超过 100 公里的速度在乡间公路上穿梭狂飙，无论是超车还是躲车，都经常以目视离前车几十厘米的距离做左右漂移，把我吓得心脏都快跳到喉咙里去了。娣佳安慰我说她上次去峇眼的时候司机也是这样开车的，无奈之下只能听天由命了。到达峇眼的时候已经是第二天（23 日）凌晨 2 点多了，娣佳的表哥一直在屋里等着我们的到来。因为峇眼的治安不是很理想，印度尼西亚当地的马来人骨子里的排华意识始终还是存在的，所以我们在峇眼调查期间就一直住在娣佳表哥的家里。

  23 日下午我们正式开始峇眼闽南话的调查和复核工作。我们到了之前在广州调查过的一个发音人黄智洋的家里，找了他的哥哥和父母帮忙核对之前的材料。但是很快我就发现核查工作进行得不太顺利。这边的闽南人虽然都会讲一口流利的闽南话，但是他们基本上都不认识汉字（尤其是简体汉字），因此只能让娣佳借助印尼语的翻译来进行询问。有些汉语词应该翻译成什么印尼语本身就有疑问，碰到这种情况他们就会各执一词，不知道应该以谁说的为准。进行到一半的时候，我觉得这样的核对效率太低了，就问智洋是否认识这边教华文的老师。刚好智洋哥哥的一个好朋友陈老师就是当地私立华校的语文老师，打电话一约，她很快就过来帮忙了。陈老师一来，我们的校对速度马上翻了几倍，一个小时就能校对近300个词条。因为陈老师既认得汉字，又天天在教当地闽南人的小孩学中文，对汉语词条和闽南话的对译了如指掌，基本上一看到某个词条就能比较准确地说出当地闽南话对应的说法。只有碰到一些峇眼年轻人已经基本不用的词语譬如农业类词语时，才需要咨询一下旁边智洋的父母。有了陈老师的帮助，我们只花了一天的时间就完成了之前调查材料的校对工作，这样的进度远远超过了我们的预期。从24日下午开始，我们就进入调查峇眼老派发音人的音系和词汇阶段，中间利用休息的空档，先后调查了十来位老中青发音人的音系和斯瓦迪士200个核心词，以了解这些常用词和发音在当地的变异情况。

24日（大年初九）的晚上是当地非常热闹的一个传统节日——拜天公，家家户户张灯结彩，每户的祭台上都摆满各种各样的祭品，大户人家的门口还插着比大人个头还高的高香。大街上人来人往，鞭炮和烟花声响彻整个城市的夜空。吃过晚饭后，娣佳表哥一家人带着我们租了两辆"巴的"（电力敞篷四轮车）夜游峇眼城，我这才有机会细细地欣赏这座海外闽南城的独特魅力。整个峇眼城的核心区域大概由5到6个街区组成，中心区大多是跟广东和福建沿海一带的城市类似的骑楼式水泥建筑，城区周围的老建筑倒还保留了许多印度尼西亚马来人风格的木屋（娣佳的一个表姐就住在这样的一所老式木屋里），市政府一带的建筑都是马来风格的宫殿式水泥建筑，显得气派而有地域特色。整座城市的核心地带几乎都是当地闽南人的地盘，马来人主要居住在城市的郊区地带。据娣佳的姨妈介绍，原来郊区也很少有马来人，这些马来人主要是印度尼西亚第一次排华运动以后才逐渐从附近搬迁过来的。整座城市分布着众多的宗祠以及供奉各色宗教神灵的建筑，我在临走之前的一个下午还特意走访了这里的每一个宗祠和庙宇（里面蕴含了丰富的移民和民俗信息，有机会我再专门写篇文章介绍）。这些宗祠和庙宇在大年初九拜天公这个晚上显得尤其热闹，灯火、香火、烟花和震天响的喇叭音乐交相呼应，刹那间让人忘了这究竟是他乡还是原乡。

  为期一周的峇眼田野调查之旅很快就结束了，在娣佳表哥一大家人和智洋等发音人的帮助下，我们的调查工作开展得非常顺利。这里是熟人社会，只要你找到了一些愿意帮忙的好心人，剩下的事情就会变得好办。我也在这万里之遥的滨海小城度过了美好的 7 天，希望以后还有机会再赴峇眼开展更加深入的调查和研究工作。

田野调查和调查田野

徐越（杭州师范大学）

每每田野调查回来都会带回诸多趣事，结果我的每次田野调查都被说成了调查田野。

参加曹志耘老师"汉语方言地图集"项目期间是我田野调查做得最密集的。当时我一个人跑了杭嘉湖和绍兴30个方言点，调查时的有些镜头始终萦绕脑际，挥之不去。我调查昌化方言的那个村子叫"毛竹窠"，那里的方言用"嫩"表示"小"，"小孩儿"叫"嫩人"、"小鸡"叫"嫩鸡"、"小牛"叫"嫩牛"、"小草"叫"嫩草"、"小树"叫"嫩树"、"小苗"叫"嫩苗"。发音人告诉我，他们村往西约20公里的颊口乡还可以说"嫩凳（小凳子）""嫩笔（铅笔头）""嫩屋（小房子）""嫩手（小手）"等。我调查新登方言的那个村庄上有两棵参天古银杏，被青青大山包围着，无论远望还是近观都是一幅美丽的油画。那里的方言"丈夫"叫"老子"、"妻子"叫"老妈"、"大家"可说成"大大家家"。我桐庐方言的调查点在莪山乡中门村（行政村）前门村（自然村），需坐手扶拖拉机进出，调查时被他们全家大大小小七八个人包围着，其老派语音特点是效流摄合流，读［ə、iə］两韵。效摄有2个字发音人顺口发成了新派的［ɔ］韵，其儿媳妇，怀里还抱着个孩子，反应特别快，马上说："爸爸，你平时'宝'说［pə］的、'烧'说［sə］的。"我孝丰方言的调查点在报福镇，发音人是当地有名的农民藏书家，家里有书房，书房四周是摆满书籍的书架，在那里看到了我读小学时的语文课本，极具年代感。记忆深刻的还有，他妻子的名字叫"鲜花"，好听极了；那里管"豌豆"叫"冷豆"，与周边叫"寒豆"的方言有异曲同工之妙。杭州方言的发音人是所有点中最难找寻的，真是应验了"杭州萝卜绍兴种"这句俗语。但天无绝人之路，最后找到的发音人非常正宗，夫妻双双都是三代以上的杭州人，老派杭州方言的特征保留很多。

在田野调查中无意间还收获了一些很有意思的婉称。例如海宁，"醋"的婉称叫"神仙"，问其缘由，发音人说买醋、吃醋不吉利，所以"买醋"要说"买神仙"、"吃醋"要说"吃神仙"，听上去好厉害哦。杭嘉湖一带"老鼠"一般不直呼其名，因恐其听到故意来捣乱，固称其为"夜先生嘉善""夜老新登""老虫杭州、湖州"。老人去世的婉称最多，而且都带有浓郁的地方色彩，崇德历来栽桑养蚕与种田并重，固称"做茧子了"；嘉善水网密布，自古水路交通发达，就叫"老船沉了""老船开了""老船撑去了"；上虞是靠山吃山的地方，所以叫"归山"；余杭也许是比较崇商，直接叫"发财"。我崇德方言的调查点在汤家埭村，那里到处是桑园（桑树林），有的是一大片，像大海一样无边无际；有的仅一两株，见缝插针般散落在房前屋后路边。记得就在聊"做茧子"这个婉称时，突然接到曹志耘老师的电话，说外边"非典"疫情异常严重，请立即停止调查，回家待命。那是 2003 年 4 月 20 日的中午，我前半部分的调查就此戛然而止，再开始已是第二年的春天了。

田野调查过程中被问得最多的三个问题依次是：你怎么一个人到处跑？你找发音人为什么只找老年男性，还那么多条件？方言那么多,你为什么选中我们村的方言调查?问题中透着满满的关心和深深的疑惑。确实,我们做田野调查时除非带学生,不然都是一个人出发的。到了目的地,一个人兜兜转转寻找发音人,一个人找住找吃,一个人开始没日没夜地调查。调查时一边不停地问问问,一边飞快地用国际音标记记记,时不时地要发音人重复再重复,还要问跟哪个字同音等,最后把发音人说的话变成一本他看不懂的手册后如释重负地走人。也曾想,在旁人看来这该是怎样的一种工作?不知道是酷酷的,还是傻傻的?过程中我们心里眼里都只有方言和发音人,很少考虑别的事情。不过平心而论,杭嘉湖一带确实是民风淳朴的好地方,起初我都是临时找上门去的,一般下车后直接找一所学校,跟校长说明来意,也不用刻意出示介绍信和证件,都会得到很好的理解和热情的接待。他们会很快地帮助物色退休老师,还会提供调查场地,有的还管饭,比如平湖中学、德清武康中心小学等。唯一的意外出在海宁斜桥,那个出榨菜的地方,在那儿被斜桥中学的校长冷漠拒绝后赶了出来,北京语言大学的介绍信、杭州师范大学的介绍信、湖州师范学院的工作经历,商务印书馆出版的《汉语方言地图集》统统不管用,只好在一条高低不平、灰尘蓬蓬的机耕路上拖着行李落荒而逃,最后是在旅馆老板的帮助下完成的调查。

通过田野调查,我们不仅调查了方言,同时也开阔了视野,增长了见识,扩大了与社会的接触面。曾经的发音人现在都跟亲戚似的,生活中多了一份意外的温馨。所以,我也非常乐意朋友们把我的田野调查说成采风式的调查田野。

永恒的田野

陈山青（湘潭大学）

我一直对田野充满着激情与迷恋。

特别是 2015 年 7 月湖南卫视著名节目主持人汪涵资助"湖南方言调查'響應'计划"启动以来，这些年的寒暑假田野跑得更勤。

同年 12 月 23 日，学校还没正式放寒假，我就和团队成员李欢、李莉亚博士，周倩妮、刘鸽、张泽英、徐恺鸿硕士，以及本科生曾树声和龚登科同学分批来到岳阳县城关荣家湾镇进行田野调查。荣家湾方言归属湘语长益片岳阳小片，有 8 个声调，入声分阴阳，在湘语中气质颇为独特。老派发音人由酷爱方言文化和诗词创作的县一中退休教师、年届古稀的胡谦先生担任。初次见面，先生给我的印象是性格乐观、风趣幽默、热情好客、心态年轻。当得知"響應"计划是汪涵资助的纯公益项目后，先生竟毫不自知地当起了"资深铁杆汪粉"。"哪天能见到汪涵就好。"先生说。

调查第一天，先生就说我和他太有缘分，天下"陈胡"本是一家，因为"陈胡公"是"陈胡"二姓的共同始祖，故而要赠送《胡氏族谱·总谱》给我这个"家里的姑娘"，落款是"老本家胡谦"。附赠的还有原创诗集《柚园笛声》，也是这般落款。除了赠书，老本家还送了我一个谑称"陈总"："你是'響應'计划总负责人，叫你'陈总'再恰当不过。"我哈哈大笑起来，生平还从来没被别人这么称呼过。

调查的第八天（30日），上午8点半，我们又像往日一样，关好门窗，拉上窗帘，关闭空调、换气扇、烧水壶、手机等所有能发出声响的设备，接好坦克声卡，打开舒尔话筒和索尼摄像机，准备录音录像时，老本家用荣家湾话笑着说："伊（这）是'永不消逝的电波'！"（此语来源于1958年战争片《永不消逝的电波》，该片讲述共产党员李侠潜伏在敌占区开展地下工作，为革命献出生命的故事。）老本家的惊天妙语让所有在场人员笑得稀里哗啦，人仰马翻！我们采录现场要求非常安静，噪声要小于负48分贝，故须密闭以隔断尘嚣。的确，此乃名副其实的"地下工作"。"響應"计划项目组11个调查团队将采录湖南境内57个点的方言及口头文化语料，制成大型方言有声数据库，无偿捐献给湖南省博物馆永久保存。在城市化进程加快的大背景下，湖南广大城乡的方言生存空间在不断地被折叠压缩，许多地方的青年孩童只会讲"塑料普通话"（湖南地方普通话），其方言文化传承后继无人，濒临灭绝。"響應"计划方言有声数据库的建立，将使湖南方言文化真正成为"永不消逝的电波"。

当天下午采录完毕，老本家设超高规格家宴款待我们："陈总啊，你们白天调查，晚上整理，从来就冇（mǎo）看到歇息过，敬业精神令人钦佩啊！有些字词句的发音、解释要核对许多遍，音要重录好几次，我第一次看到大学教授博士们做研究是如此得细致严谨、一丝不苟，我们把孩子送到大学里读书，就放一万个心啦！这段时间你们辛苦了，我要请各位到家里好好补一补！"老本家一番认可的贴心话语如春天潺潺的溪水，在我们内心深处暖暖地流过，全身的疲惫和寒意被洗刷无余……

2016年1月2日,"響應"例会将在湖南经视举行,岳阳县罗内品牌喻运来总经理准备开车送我前往长沙开会。当老本家听说汪涵也会亲临会议时,知道机会来了,就跟我说要去见汪涵。可我却有些犹豫,原因是阳历年(元旦)一整天,我们都在远离荣家湾30多公里的步仙镇喻总家里调查,采录到故事传说、歌谣、字谜等62则,老本家也随我同往,还当场新作字谜一则:"乡里一儿郎,立在正中央。步子迈得稳,事业永生光(答案在文中)。"当晚返回县城住所时已是10点了,第二天(2日)凌晨又得4点多钟起床,8点前要赶到湖南经视,睡不了几个小时。元旦期间正是一年中最为寒冷的时候,连日调查又极为辛劳,我真担心老本家身体吃不消。没想到他拍着胸脯说:"我这把老骨头经得搞(耐磨),就是通宵不睡觉,都冇问题!"于是,我们按照既定时间赶到了湖南经视,在一楼大厅鲜艳绚烂的桃花树前,老本家直了直腰板,全身洋溢着年青而深沉的喜悦,与汪涵合了影,了却了自己作为"资深铁杆汪粉"的一桩宏愿。

在岳阳县调查的日子里,老本家和我们同甘共苦,形影不离,步调一致,好像是开启了"同步模式",我们调查的脚步行进到哪儿,老本家就会跟进到哪儿,我们吃外卖,他毫不嫌弃地跟着吃。大家都说,老本家是铁定跟咱们"入伙"了。

忙碌的日子总是被无形的快进键控制着,飞速流逝,13日调查结束,我们和老本家依依惜别。"几时再来啊?"老本家说话一改往日爽朗的风格,情绪低落了许多。"到时还会来补录的。"相见时难别更难,我是极害怕别离的,说这话的时候,心也是空空荡荡的,没有着落……

腊月二十五六,接到老本家的电话:"你们全家到我家里来过年啰。"这是最隆重的邀请，更是对我们情义的莫大认同。要知道，在我们老家汨罗和岳阳县一带（邻县），只有至亲才会被邀请到家里过年的。

荣家湾调查仅是我长达 20 年田野调查中的一张剪影，老本家也只是我数以百计发音志愿者中普通的一员，但他们都已在方言田野调查这幅美丽的大背景画中凝成了我心中永恒的雕塑，而永不消逝。

永恒的田野，永恒的情义，永恒的激情与迷恋！

"学者のたまご"的自我修炼

崔蒙（中国刑事警察学院）

到目前为止，我也做过不少次汉语方言调查了。可有趣的是，我在方言学领域的学习和调查经验都是从日本方言学开始的。

2009年，我到日本金泽大学留学。岩田礼教授开设了"中国文字音韵学"课，在课上讲授了不少语言地理学知识，比如柳田国男的《蜗牛考》、"方言周圈论"和"古老形式存于边境"等。让此前没系统学习过方言学的我眼界大开、兴趣盎然，还在课下找了几本书来读。

岩田老师还用他积累的方言调查材料让我们练习画方言地图。这个作业看似容易，实际做起来才能知道其中的难处。我分到的词条是"鸽子"，没想到这么简单的一个词，在汉语方言里却有那么多种形式。如果每种形式都用一个符号表示，那地图恐怕没法看了，只能先分出几个类别来。可是，将方言形式分类也绝非易事："楼鸽"是应该跟"鸽"分到一起，还是该跟"娄娄"分成一类？"楼鸽子"呢？该跟"鸽子"分到一起吗？现在再看当时画出的那幅方言地图，真有一种"惨不忍睹"的感觉。因为语言地理学对方言地图有很高的要求，把调查得来的资料都画在地图上，不过是一幅方言资料展示图，只有能揭示出方言分布规律的地图，才算得上一幅合格的方言地图。而我那时画的图，肯定怎么都算不得合格了。

那个学期，我还跟岩田、新田二位老师去了石川县白峰村进行方言调查。那次调查的目的是了解白峰方言的重音模式。调查之前，新田老师向我们做了前期辅导，介绍了日语方言的几种主要重音模式，让我们在调查时注意体会，还介绍了调查时要用的设备。日本北陆地区多雪，我们驱车到达白峰时，那里刚刚下过一场大雪，路边的积雪都很厚，天气也很冷。发音人老先生是白峰村的村长，调查的地点就安排在村里的公民馆。新田老师向发音人介绍我们，说我们是"学者のたまご"，就是还在学习中的学者。虽然被老师介绍得很好，可调查开始以后，我立刻发现自己的知识实在不够，便在一旁默默观察学习。调查当天就结束了，岩田老师特意叮嘱我们，以后回到北京，最好给发音人寄一封信表示感谢，发音人收到信一定会非常高兴。那天晚上，我们住在白峰村的温泉旅馆。因为刚下过大雪的缘故，旅馆只有我们一行人，幸运地得以独享整个温泉池，也算调查带来的一个小小收获。这就是我第一次方言调查的经历。

在北京语言大学读博士期间，我也在暑假参与了方言调查，跟同学们一起跑了陕北七八个县。每天都是早早起来，调查一整天，晚上核对调查数据，第二天再继续调查。虽然很累，但也不无乐趣可言。我们见到了不同的风物，吃到了陕西美食，还能用调查里学来的陕西话彼此打趣。最重要的是，作为"学者のたまご"，我在调查中感受到了自己的进步。

工作以后，我承担了"语保工程"沈阳点的调查工作。虽然就在家乡调查，但是这次没有老师带领，没有同学分担，一切都需要我自己来组织安排。因此，这次调查对我而言有不一样的意义，让我在各个方面都有了成长。我能一个人背着电脑，拎着照明、录音录像设备等五六个包或袋子去布置场地，也能在调查数据出现问题以后，打起精神从头再来。调查结束以后，我和几位发音人都建立了深厚的情谊。过年时，给发音人老大爷打电话拜年问好，听得出老大爷非常高兴，那时我更深刻地理解了当年岩田老师的叮嘱。

到目前为止，我都觉得自己离能够独当一面的学者还有很大的距离。但是我想，"学者のたまご"也是一个很好的头衔，这样我就会一直重视每一次调查，一直学习，一直成长。

"洋留守儿童"调查记

孙浩峰（浙江师范大学）

在我国浙江、福建、广东等东南沿海的侨乡村镇，生活着这样一群特殊的留守儿童：他们的父母常年于国外谋生，自己被委托给国内的亲友寄养，因具有外国国籍或永久居留权（绿卡）的特殊身份而得名"洋留守儿童"。

"洋留守儿童"在语言使用上既面临普通话与方言选择的冲突，同时由于特殊身份又有掌握移民目的国语言以融入海外生活的长远需求。汉语能力的欠缺势必会影响他们更好地融入侨乡生活，而文化失根和归属感的缺失在一定程度上又会影响到他们的民族认同和文化认同，进而影响到我国侨务资源的可持续发展。为了了解"洋留守儿童"的语言生活现状，2017年9月至2018年12月，在厦门大学研究生田野调查基金的资助下，我们数次深入福建省重点侨乡福清市江阴镇，就生活于该镇的近万名"洋留守儿童"展开了社会语言田野调查。

江阴镇海外移民历史悠久，有文字可考的移民史可追溯至明代中叶。历史上，江阴是一个离岸海岛，孤悬于兴化湾内，岛内居民只能依靠渡船往来于岛内外。据《沧桑琐记》记载，20世纪40年代至60年代，曾发生多起因渡船倾覆沉没，乘客全部罹难的海难事件。因此当时岛上流传着这样一首民谣：

江阴十条渡，条条脱长裤。一旦大风起，常遇海难苦。

海湾天堑带来的交通闭塞和出行困难，导致旧时江阴妇女、老人很少出岛，有些人甚至一辈子都没离开过海岛。这一困局直到 20 世纪 70 年代初期才被打破。1970 年 12 月，伴随海岛西北角岭下大堤的完工，江阴岛同大陆连接到一起，实现了"水电车"入岛。随后又经过数次填海造堤，江阴岛逐渐演变成了今日的半岛。自然地貌的改变，使得交通不再是限制社区人员流动的瓶颈。与此同时，自然地貌的改变也带来江阴镇产业结构的转变。近些年，除传统的农业和渔业外，岛内实现了商贸服务业、农（渔）产品加工业、港口运输业、现代物流业、化工新材料业、机械装备制造业等多业共进。众多企业的入驻，使得大量外来务工人员入岛，进一步促进了岛内外人员流动和语言接触。如今的江阴半岛，已经从封闭状态下以江阴话主导的单言社区，逐渐演变为普通话与江阴话平分秋色的双言社区。

通过先后数次调研，我们发现：江阴镇"洋留守儿童"的语言生活整体呈现出"双言并存，普进方退"的特点，普通话取得了实际的统治、权威地位，江阴话在寄养家庭中扮演着极为重要的角色；语言生活中存在语言使用与情感认同的反差，即普通话虽然占据了语言生活的主导地位，但儿童对江阴话仍然保持强烈的情感认同。

作为传统侨乡，江阴镇乡族观念厚重，岛内宗祠众多。逢重要节日于家族宗祠举行的祭宗拜祖活动成为各姓氏家族传递尊宗敬祖精神、弘扬重要思想、密切血脉联系的重要纽带。"洋留守儿童"在跟随家中长辈参与祭祖活动的过程中，铭刻下了乡族观念的情感烙印，进而又对维系血脉乡情的乡土方言产生了深深的情感依赖和眷恋。

乡族观念在作用"洋留守儿童"乡土方言情感养成的同时，

还直接塑造了江阴海外移民的模式。受"传帮带"海外移民模式的影响,移民多"集中去往某一国家,从事某一领域经营",并以"聚族聚乡,大分散小聚居"的方式组成海外社区,社区内主要通行江阴乡土方言。这种基于乡族观念的"传帮带"移民模式,成功地将江阴故土的乡族亲情、生活习俗、语言习惯移植到海外社区,并成为维系海外社群与家乡母体之间从乡缘亲情到经济利益的长期互动的重要纽带。基于对子女未来融入海外江阴移民社区、继承海外事业的长远规划,"洋留守儿童"的父母除了重视普通话和外语教育外,还特别重视对儿童乡族观念的培育和方言情感的培养。乡族观念通过父母的语言理念又进一步作用于儿童对方言情感认同的养成。

趣

我与田野调查

鲍厚星（湖南师范大学）

2017年夏季，我在自己的一个集子的后记中写过几句话："面对湖南方言的广阔天地，深思方言学领域的重重课题，不禁慨叹，我只是在一座大山的脚下迈出了一小步……"

回首往事，一路走来，有一种我们这个行当必做无疑的工作——田野调查，忠实地伴随我数十年，我对它发自内心地一往情深。

田野调查总会留下一些记录，其中我最为珍视的是有着完备记录的《方言调查字表》。字表三四千字，凡我目标确定，需要掌握第一手资料的，我是一个一个地记，不厌其详。记音过程中关注文白读，关注训读，关注特色音，发音人随口而出的例词或句子能及时记下的就抢记下来，特别是发音人的某种观点更要抓住，如记江永桃川土话时，在第8面我留下了发音人当时说的话："很多人学讲官话了，青年人很少讲土话，最多十年就难得听到土话了。"

一本字表当记完最后一个字时，常常停下来舒一口气，并且习惯地在第80面右下角记上当时的时间，如城步儒林方言字表记有"1989年10月13日上午"。

正因为如此，这一本一本的面对面记录下来的"原生态标本"，我小心翼翼地把它们集中起来，在书架上留出一个特定的位置，只要我有需要，就能很快地从中找到对应的字表。

每隔一段时间，我会走到书架面前，去翻阅那一叠绿色封面的字表，翻着翻着，就会有过往的经历在脑际里浮现：或是在湘西沅陵麻溪铺乡公所冬夜的火盆边，我和伍云姬在听发音人讲那乡话的故事；或是在城步儒林镇通往偏僻乡镇长安营的那一段未曾开通公路的山道中，县公安局小杨携枪护送我穿山越岭，赶往目的地；或是在江永桃川"赶闹子"（赶集），通过熙熙攘攘的长街，耳畔听到各种高低错落的土腔土调……

和方言研究打交道，不知不觉地走过了漫长的田野调查的道路。舞台每一个节目的成功演出，背后都有许多故事，方言研究每取得一项成果，也有难忘的田野功夫隐身其后。

1981年11月，我从厦门全国汉语方言学会成立大会回到长沙，没过多久，就开始对老派长沙话进行调查，并记录了一个完备的《方言调查字表》，其后又接着记录词汇。经过整理的老派长沙话同音字表，对我后来的方言研究工作起了重要的作用。

下面是从日记里摘录下来的关于我调查老派长沙话语音的时间记录。其中提到的易荣德，是通过我老伴当年在长郡中学任班主任做家访时认识的一位学生家长，经过攀谈，觉得他适合做老派长沙话的发音人。

1981年

12月17日

我自己拟在最近一两周进行一次系统调查，利用字表调查整理出一个音系，并整理出同音字表。

12月20日

晚上去易荣德师傅家联系调查长沙方言一事。

12月21日

送《方言调查字表》给易师傅。

12月22日

晚上开始记音,这是老派长沙方言。

12月23日

晚上记音。

12月24日

晚上记音。

12月25日

下午记音。

12月27日

下午记音。

12月29日

晚上记音。已记六次。

我打算记完字表后立即整理出同音字表,将老派长沙话的音系弄清楚,然后再记词汇。

1982年

元月5日

昨晚又去易师傅那儿记音一次。

元月6日

下午又去易师傅家记音,估计还记一次即可记完。

元月8日

下午又一次记音,终于把长沙方言全部字表记完了。总共记了九次。

元月30日(初六)

过年这几天花了两三天工夫，把老派长沙方言的同音字表整理出来了。这样做果然很有好处：一是对前段的调查温习了一遍，一边整理，一边也就看到了还有哪些地方需要重新调查；二是对长沙话的语音特点进一步熟悉了，可以找到一些规律；三是为进一步研究长沙话奠定了基础，为比较新老长沙话的异同，或是探讨长沙方言语音的演变都有个底儿了。这个字表还要找易师傅校正一遍。

　　1990年，在北京怀柔举行的现代汉语方言大词典编纂工作会议上，确定长沙点纳入计划并安排第一批出版时，那份老派长沙话的记录适应了主编李荣先生的要求。李先生让我们把会前送去的油印本长沙方言词典中的新派音系更换为老派音系。

　　1991年5月，李荣先生由张振兴先生陪同，专程来长沙指导词典编纂工作，并特别约见老派长沙话的发音人，通过听音问字，对他的前后一致、始终如一表示认可。

　　1993年和1998年《长沙方言词典》的两个版本，都一致用了老派音系。

　　1997年，侯精一先生主编《现代汉语方言音库》，《长沙话音档》收入其中，老派长沙话发音人易荣德的语音被正式制成音档。

　　2006年，侯精一先生陪同台湾"中央研究院"郑锦全院士专程来到长沙，联系我找到发音人易荣德，依据《长沙话音档》一书，再专录老派长沙话同音字汇。录制工作在枫林宾馆选一个僻静房间进行，仪器操作由同行的刘祥柏老师担任。这时易师傅已是81岁，但他发音的清晰程度仍和当年一致，录音工作得以顺利完成，侯、郑两位先生都表示满意。

一份老派长沙话的调查字表带给我这么多回忆，我那书架上存放的三十余本调查字表给我储存的记忆更多更长，尤其是花费心血最多的东安花桥、江永桃川、沅陵麻溪铺等特色各不相同的田野生活的情景，在我心中储藏的那是一幅幅色彩斑斓的油画啊！

女书风景拾零

赵丽明（清华大学）

女书在湘南江永县东北潇水两岸流传很久了。经过我们30多年的研究，并经本地全体女书传承人认定，女书396个基本字已进入《国际编码字符集》。女书是音节字表音文字，是借源于汉字的女性专用文字。女书记录的是汉语方言土话。

江永县民委老主任杨仁里，从20世纪80年代起，多次派车送我下乡去调查女书；但他多次强调，不要把女书牵扯到瑶族，女书跟瑶族没关系。

当地西北部山区有过山瑶，南部有四大民瑶，但最后一代女书老人都是三寸金莲；保存至今的明清民居为江浙徽州一代的天井式风格；结老同、唱歌堂、习女红，民风崇尚儒家文化。汉风瑶俗。当地还有个说法，江永有宝庆瑶。宝庆即今邵阳地区。有文献记载，乾隆年间官方镇压过瑶民起义，并下令："其从前捏造篆字，自行销毁，永禁使用。"（道光《宝庆府志·大政纪六》）为了弄清女书和瑶族到底有没有关系，于是我便从江永到宝庆，一路追寻。

为了寻找女书的源流，我们爬了南岭山脉的都庞岭、越城岭，走了红军翻越的"之"字火把路，穿越美国飞机掉下的深山峡谷，寻找瑶族"过山榜""过山谍"——那是有着盘瓠传说的瑶族，得到的皇帝亲赐的通行证；逢山过山，逢水过水，不上税、不纳粮的特别通行证；是他们冒着生命危险，祖祖辈辈传下来的。看到的仅存的几件，要么是汉字写的过山榜，要么是黑黑红红的盖着大印的过山谍，跟女书不搭边！但是，我们最终还真的找到了瑶族妇女"搬娘屋"的字！

一 你看得见就有，看不见就没有

从江永北上，必经桂北龙胜。下了班车，已是中午，找到乡政府，听说我要去找瑶族文字——过山谍，他们也不知有没有。乡政府的干部带我到外面，指着熙熙攘攘的集市上的一个人说："就那个人，他是瑶族，你跟他走吧。"来不及换下裙子，把行李暂寄存乡政府，我就跟着那个瑶族老乡出发了。因为要走上大半天，赶在天黑之前到达。

那个瑶族老乡挑着从集市上买的稻谷，在我前面走着。我们一边走一边聊。他的话不多，主要是我问他。原来他们一到四五月青黄不接时，就没有粮食吃了，要下山来买。我们走在原始森林里，只有我们两个人。我突然有些恐惧，问："你是好人还是坏人？"他说："你要是不相信我，就回去吧。"这前不着村后不着店，走了大半天了，怎么回去呀？我只好跟着他继续往前走。

林子里没有路，脚下是厚厚的落叶，头上是密密的树枝，终年不见阳光，空气里弥漫着潮湿的味道。我生怕踩到蛇，或有蛇从树枝上伸下来，就问："这儿有没有蛇呀？""你看得见就有，看不见就没有。"还是平静地回答，真智慧！于是我紧张地用裙子紧紧裹住腿，乖乖的，目不斜视，哪儿都不看，只盯着他的脚步往前走。

突然，我滑倒了。在落地的一瞬间，我想了很多。我将坐到硬的还是软的？软的，可没准儿就是蛇呀！扑通！还好，是硬的。

二　一连喝了十五碗油茶

到了山上，热情的主人用油茶招待我。他们的规矩，一定要敬客人喝三碗。没问题！这里的油茶，是用山上野生的大叶茶，放点油炒了后，再加水煮；然后碗里放些炒熟的苞谷粒，讲究一点的放些花生米、炒黄豆等。挺好喝！

接着，又端上一道油茶，又是三碗。原来这院子住了三家，一家来了客人，就是全院子的客人。接着，另外一家又是三碗。饱了！

接着隔壁院子的两家人，又是每家三碗油茶。这回真撑着了！

原来，这就是他们现在的主食。青黄不接的时候，稻谷吃完了，没有别的粮食，只能吃油茶。等到六七月，新稻谷才能下来。这里依然是刀耕火种，田很少。

难怪在山下有人听说我能吃油茶，直夸我。一次两次很新鲜，挺好吃。天天吃，吃几个月试试？可山上的老乡祖祖辈辈都是这样生活下来的。

三　就是，不能给男人看

终于，悄悄问到一个老大姐："我们这里有没有女人自己用的字，男人不知道的字？"

"有啊！"她拉着我进到里面的房间，从一个箱子里翻着找着。她一边找，我一边问："男人不知道？""就是，不能让男人知道，不能让男人看！"

我按捺不住地喜悦，期待着！

找啊找，终于翻出一个小包，她小心翼翼地打开。一层，两层，好几层！我急忙伸过脖子，急不可耐地看。

"这个。"她递给我。啊?！原来是一小叠白白的卫生纸。在黑乎乎的房子里，纸显得格外白，白得直晃眼。西南官话，字、纸不分。我只能哭笑不得。

这里老乡平时解手用的是土制的草纸，妇女用的卫生纸大山里的人很少见到。

四 这里真的也有女人的字——"搬娘屋"

1986年，忙着城步县30周年大庆的宣传部副部长丁中炎告诉我，他在20世纪70年代初下放到一个瑶山，晚上看稻谷时，几个妇女聊天，她们写了一些奇怪的字要考考他，还说这是她们"搬娘屋"用的字。妇女出嫁后在婆家受气时，用这种字托人给娘家捎信儿，娘家人来给女儿说理撑腰。遗憾的是，丁部长太忙了，没时间带我去。不久便听到他因病去世的噩耗。

城步县副县长邓阳彩是大瑶山第一个大学生，他说他去世的外婆也会写这种字，可能老妈妈也知道。1992年，我第四次到城步县，在县志办主任张正清的帮助下，和邓县长一起去了他老家，看望他的老母亲。

体弱多病的老妈妈，额头用牛角拔着罐。见到我们，在地上用她们的文字写的第一句话是:"强盗来了,快上山!"之后,又写了:"要紧!""你们几个来这里,累不累?""北京嫂嫂来了,有什么事?"有的我们请老人家写了三次,都一样。张正清说,跟他在丁部长笔记本上看到的记录一样。

老人叫沈子娥,1917年出生。这些字是她十四五岁时在娘家和一个叫蒲妹的姑娘学的。蒲妹很能干,能用这种字写状子,到宝庆府替瑶民打官司。

很诱人的线索,但是字体和文字性质跟女书不一样。经过研究,一个符号记录一个语句,我们认定为"语句团文字"。[①]

1994年,我在国外任教期间查阅《新华文摘》时,看到一则消息《大瑶山里发现瑶族文字》,打开一看,原来就是我们发现的城步瑶族语句团文字,顿时心里很温暖。

[①] 赵丽明、邓阳彩、张正清:《城步大瑶山妇女使用的符号文字的调查经过及讨论》,收入史金波、白滨、赵丽明主编:《奇特的女书》,北京语言学院出版社,1995年,第228页。

处处可"淘",处处有"宝"

周荐(澳门理工学院)

千禧年前后开始,汉语中冒出来"淘宝"这么个词,"淘宝网"这样一个网购平台也于 2003 年 5 月由阿里巴巴集团创立。语言学习和研究当中有项基本功,那就是田野调查。田野调查,目的就是"淘宝"。田野里,处处有"宝",只要你肯"淘",总会有收获,绝不致你有宝山空回之感。田野调查,人们惯常理解的是到方言区或民族语言地区去做记音等实地调查。但其实,对语言学的田野调查而言,不应拘泥于真正的野外作业,举凡笔耕之前的工作,都可算作田野调查。田野调查对于拿到第一手的数据至关重要,对于培养青年学生的独立思考能力而言,也是重要的一环。

田野调查自然不能理解成只是自然科学领域的工作。对人文社会科学而言,田野调查同样重要。我在大学读书时所钟爱的专业是文学,业师相中了我,动员我改搞语言学。他用来打动我的理由有二:一是语言学不大受政治风潮的左右;二是搞语言学,一张纸、一支笔在手,即可动手去做。当然,说纸笔在手即可搞研究,并不意味着整日坐在书斋里冥思苦想就大功告成,也包括在将思想的结果付诸笔端之前进行必要的调查研究。20 世纪 80 年代中叶,我以南开大学中文系助教的身份考取研究生。导师是著名的语言学家,他很重视培养学生语言研究的基本功,率领我们到他的家乡广东惠州等地调查粤方言。粤方言的长短元音似早已成为定论，但先生不囿成说，大胆怀疑名家的结论，终于用他和众弟子调查得来的材料证明了他自己的新说。

科学的迅猛发展，使得结论性的著述叠现。田野调查所面对的空白领域，今已很难寻觅。田野调查，不仅可开掘空白的研究领域，亦可助学者对已有结论重新检验。我从惠州调查回来后不久，开始考虑自己的硕士学位论文。当时关于复合词的结构模式的结论似已无可怀疑，那就是复合词的结构模式与句法的结构模式是一套。我把《现代汉语词典》里所收的双字条目，逐条抄于卡片，得四万余张；而后又逐条进行分析，最终得出自己的结论：复合词的构成模式与句法的构成模式并非如人们所想象的那样一一对应。举个例子就容易理解了：句法分析中有所谓主谓句，是由主语和谓语构成的；假如复合词的构成和句法真的是一套，那么词法中理应也存在类似句法的主谓结构那样的类别。但实际上，遍查汉语词典，代词性语素打头、谓词性语素收尾构成的复合词并无一例。田野调查训练了我通过大量材料得出结论的研究程序和工作态度，更培养了我研究中大胆怀疑的精神。四万多张卡片，是用一百多本旧挂历一张张裁成的，又一笔笔写出来的，十分珍贵，本该好好保存。可惜的是，20世纪90年代因个人感情遭受重挫，让我心生幻灭感，这些卡片也被付之一炬。

在家里对词典做抄录卡片的工作，对于语言研究者来说是田野调查，到图书馆查阅资料当然更是田野调查。2003—2004年，我在日本关西大学短期留学，师从沈国威教授、内田庆市教授等撰写博士论文。在关西大学东亚文化研究科的图书馆查阅资料时，深为日本老师搜集图书资料之全而折服，始知文化交涉学领域之宽，范围之广。从彼时起，我每外出开会、做讲座、旅游、访问，都会注意搜集资料，可谓"搂草打兔子"，绝不让自己空手而归。到国外，常常一头扎进图书馆里，如葡萄牙科英布拉大学的图书馆、韩国延世大学的图书馆、日本早稻田大学的图书馆、美国夏威夷大学的图书馆，反倒是美丽的市容和自然景观常常无暇领略，回国后当别人问起时总张口结舌。逛书店，自然也是田野调查。东京神保町有一条书店街，非常著名。神保町街区不很大，却聚集了130多家书店。其中有文学类的朝日书林、日本书房，历史类的六一书房、南海堂书店，思想、宗教类的友爱书房、东阳堂书店，古籍类的大屋书房、金文堂书店，外语类的内山书店、大岛书店，社会科学类的伊藤书店、丸沼书店，自然科学类的池宫书店、大久保书店，美术、艺术类的五拾画廊、艺林庄，等等。每到东京，必到神保町，必逛书肆，一定会到出版《大辞林》和《国语辞典》的三省堂，出版《広辞苑》的岩波书店去转一转，更会到专门出版中文书籍的东方书店和内山书店去走一走，看一看。即便没淘到书，信手翻阅一下，似也有宝山未空回的满足感。内山书店更是我每来必到之所在，它门楣上高悬郭沫若亲题的匾额，书店内的三层楼宇，各类中文书籍，甚至有线装古籍充塞其间。每到这里总有一种时空穿越感，好像历史瞬间回到了八九十年前的上海施高塔路11号（现四川北路2048号）的内山书店，仿佛又听到了鲁迅先生铿锵有力的话语声。

田野调查也让我对任何问题、任何人都不盲从，总要问个为什么，结论总要在调查之后才得出。前些年报载全国政协会上，不少非语言文字学专业的政协委员提交关于简化汉字的提案，把简化字说得一无是处。那些非专业出身的全国政协委员，说他们本专业的话或许会令人信服；说并非他们所熟悉的语言文字学专业的话，就未必能够让人心悦诚服了。一些字简化得是否合理固然可以继续研究，但绝大多数简化字是专家们多年研究的成果，是简化得非常合理的。例如，"陰""陽"都是形声字，简化为"阴""阳"两个会意字，就非常成功。"太陰"，月球的别称。唐·杨炯《盂兰盆赋》："太陰望兮圆魄皎，闾阖开兮凉风褭。"清·洪昇《长生殿》第一一出："吾乃嫦娥是也，本属太陰之主。"而"太陽"，就是"日"。因此，将形声的"陰"简化为会意的"阴"，将形声的"陽"简化为会意的"阳"，不仅顺理成章，而且合情合意。

永寿发音人寻访记

邢向东（陕西师范大学）

2004年，我承担了曹志耘兄主持的"汉语方言地图集"项目中内蒙古、陕西的调查任务，开始陆续调查。

项目在关中地区共设五个点：大荔县、耀县（今耀州区）、户县、永寿县、宝鸡县。"汉语方言地图集"要求调查点必须在农村，不能是县城，所以寻访发音人颇为不易。3月11日，我先到铜川市耀县小坵镇小坵村调查。通过老同学邓国栋的介绍，认识了咸阳师范学院中文系的张宏同学，小坵是他的家乡。张宏非常喜欢语言学，直接带我回家调查，提前找好的两位发音人也都很理想。住在他家里调查方言，语境全是地地道道的方言，开心顺利！

在小坵，我第一次见了"地坑窑"——一种在地平面上切下去一块，再从切出的立面上挖成窑洞的住宅，院子就坐落在地下，羊圈、猪圈、鸡笼等也都在地下的院子里，人可以通过斜挖的通道进出。如果在远处，除了窑洞顶上的烟囱之外，再看不到别的。张宏的爷爷就住在地坑窑里，我们进去看他爷爷，里面颇为宽敞、整洁，只是全靠窑洞的门窗采光，又在地下一层，窑里有些昏暗。看过地坑窑，我心里暗自担忧：要是漆黑的夜晚经过地坑窑，会不会一不小心从窑顶上掉下去呀？

3月13日，我从小坵坐车回到县城，再转乘长途汽车去永寿县。耀县到永寿县很远，途经三原县、礼泉县、乾县等地，到礼泉县之前的路是省级公路，很破。一路颠簸，到永寿县城监军镇就是黄昏了，浑身像散了架一样。

那时候还年轻，不怕累，找了一家酒店住下，晚上吃一片安定（安眠药），好好地睡了一觉，第二天便恢复了体力。永寿的发音人也是邓国栋兄请他的学生小刘给联系的，是位退休的教育局局长，姓李，住在监军镇西南，离城5公里左右。第二天一早，小刘来酒店会合，一起去找李局长。这次出来调查，都是提前联系的发音人，所以没有开介绍信。我们背着沉重的背包，步行去找李局长。走了一个多钟头到了李局长家，一见面，我不禁倒抽了一口冷气：李局长的两个门牙掉了！口齿齐全是发音人的起码要求，门牙掉了，兜不住气流，怎么行呢？而且我看李局长的气色好像也不太好，便悄悄问小刘："发音人的要求我都跟邓老师交代过，怎么还缺门牙？你是不是没说清楚？"小刘一下子紧张起来，说："邢老师，对不起，我忘了这一条了。"不管怎么说，已经来了，就先跟李局长聊起来。

聊天中才知道，李局长不光缺了门牙，而且半年前刚做过胃切除手术，身体很虚弱，根本不适合做发音人。李局长见我心急，就在那儿想，还有什么人比较适合我们的要求。要知道，发音人必须在农村长大，又要知识面广且长期生活在农村，不是那么好找的。李局长想了几个人，最后给我们推荐了一位××大队曾经的会计，姓刘，现在不干了，在家闲着。李局长说，这个人身体好，头脑灵活，方言地道，十分理想。刘会计住在县城的东面，离这儿有10公里左右。李局长告诉了我们他家的具体地址，小刘就是县城人，对城周围的村子很熟，不怕找不到他家。

从李局长家出来，已经中午了。我和小刘赶回县城匆匆吃了碗面，就到县城的另一边去找刘会计。

关中地区农村，尤其是靠近县城不远的地方，"庄子"（院落）颇为讲究，一般都有门楼。刘会计家也有高大的门楼，大门关着，我们上去敲门。敲出来个四五岁模样的男娃来，我问："你爷在家不？"他回答："俺爷不到屋，俺婆到呢！（我爷爷不在家，我奶奶在呢！）"那个"婆"字，竟然是真真切切的一个[pf^ho^{35}]！白涤洲在《关中方音调查报告》中曾经记录过咸阳、宝鸡几个县有"重唇音读成轻唇音"的现象，可这是我第一次实实在在地听到，心里很激动！话音刚落，他婆就出来了，告诉我们老伴到哪家哪家去打麻将咧。我一听，一种不祥的预感袭来：要把上了麻将桌的人拉下来，难了！

找到那家人家，见刘会计激战正酣。我们说明是李局长介绍来找他，请求他腾出两天的时间，帮我们调查永寿话，具体说就是他们村子的话。关中有个四字格成语叫"生冷蹭倔 [$səŋ^{31}$ ləŋ^{53} ts^həŋ^{55} tɕye^{55}$]"，形容一类人的性格：冷漠，固执，语言生硬。用时下的话说，就是"情商低"。刘会计对我们的态度，简直就是这个"生冷蹭倔"的活标本。他听完我和小刘的话，面无表情，一边看牌，一边说："你看我忙得像啥似的，哪顾得上陪你们说土话么！再说，你介绍信在哪呢？"我说："今天匆忙，忘记带介绍信了，只带了名片。我们是来调查方言的，是记录咱的地方话，挺有意义。是李局长让我来找您的。调查就用一两天的时间，还有发音费。"我还想再跟他说说方言调查的意义之类，可他忙着出牌，只说了一句："你问土话，随便寻个人问一下就行咧。你看我忙得不像啥，哪有时间么！"就不再理睬我们了。

我从屋里出来，茫然四顾，浑身瘫软，心里充满挫折和无助之感。嘴唇突然痒痒地疼起来，一摸，上面竟然像炸油糕起泡一样，"扑"起来一串燎泡。3月中旬的关中农村，刮着风，空气十分干燥。我们心急，从城里跑到城西，又从城西跑到城东，来回15公里路，大半天里除了一碗面，连口水都没喝。这里让刘会计一下子泄了气，不上火才怪呢。

好在还有小刘，他是当地人，总会有办法。联系人断了线，我们俩就蹲在大门外，掏出地图找地方。沿着312国道，从县城往西北10公里，有一个蒿店村。小刘说蒿店有个小学，我们去找找，也许他们会帮忙的。于是赶紧跑到公路上，拦了一辆"蹦蹦蹦"（拉人的三人摩托），直奔蒿店小学。

真是天无绝人之路。到了蒿店小学，学生已经放学回家了，校长姓张，正跟副校长他们商量事情。一听我是陕西师大中文系的老师，非常热情，问明白我们的要求，他们异口同声地推荐了一位退休的吴老师，并且立马给吴老师家打电话，把他请来了。一看一聊，吴老师是个热心肠，方言地道，知识面广，挺合适。我们找到救星了，那颗悬着的心终于落到了肚里。张校长跟吴老师说："邢老师他们来调查咱永寿话，这是好事，你给帮个忙。"见我千恩万谢，张校长还开玩笑说："小学老师帮大学老师，应该的。你看你急得满嘴燎泡，不容易！"我们约好吴老师第二天到酒店去，并留了他家的电话号码。

搭车回到县城，已是晚上7点多了。我和小刘美美地吃了一顿饭，他就回了家。我躺在床上，突然想起，吴老师年纪大了，不戴老花镜肯定看不清调查表上的字，就赶紧给他家里打电话，叮嘱他来酒店时别忘了带上老花镜。

第二天一早，吴老师如约而至。他还特意刮了胡子，穿了件新夹克，显得特别精神。吴老师到酒店后第一句话就说："邢老师，你夜来（昨天）那个电话打好咧。俺婆娘正说不让我来，怕碰上骗子把我给骗咧。一听你说叫我拿上老花镜，兀［uo^{53}］才放心咧。说这就不是骗人的咧，真是要调查永寿话呢。"我心里暗暗吃惊，多亏了那个电话，要不我可就不是满嘴起泡了。调查中发现，吴老师真是个难得的好发音人，比如，他不仅能够把"肉"发成地道的［z̜ou^{31}］（次浊归阴平），而且能辨别［z̜ou^{55}］（去声）是年轻娃们说的。我们在永寿县城周边转了一整天，临了在蒿店遇到了吴老师，受过的煎熬都值了。这真是"踏破铁鞋无觅处"，"柳暗花明又一村"！

不知是不是巧合，当我写完这篇短文，翻看"'汉语方言地图集'调查日程"，那上面竟赫然记着："2004.3.13—3.16，陕西省永寿县监军镇蒿店村。"时光飞逝，已整整过去了十五年！

气傲皆因经历少,心平只为折磨多

严修鸿(广东外语外贸大学)

方言调查,是要与各种发音人打交道的。不同的人,有不同的气质和性格。有时候,我们感叹他乡遇故知,一见如故,相见恨晚,各种共鸣,直到分手依然惺惺相惜,不忍道别。好的发音人,合作愉快,充满信任,积极配合,并且自始至终,他们真的是自带干粮的"自干五"啊!我在发音人评价栏目里,会写上"优秀发音人"。也有些发音人,有才华,但有脾气,甚至有古怪的癖好。

2016年7月,我们调查了海丰方言,主要发音人是罗先生。他是通过海丰方言节目主持人阿东介绍认识的。一则因为他是地地道道的海城人,年龄符合,见多识广,又是一位中学老师;二则因为罗先生对方言有特殊的爱好,喜欢钻研方言的字音与词汇,还自发编辑过方言词典。罗先生对本地方言的研究,对我们的工作是有帮助的。一些专业术语,比如文读、白读,升调、降调、低平,他都懂。调查的时候,上手很快,也能配合,需要重说一遍让我听辨时,也是不厌其烦的。对一些词语的近义关系,也可以很清晰地把握,并且告知我们。

罗先生有个癖好是写诗,而且他固执于一种"对联体"的诗歌。他创作了上千首的对联体诗,放在网站上发表。他是老三届考大学的,阴差阳错,当时只上了韩山师专办的中专班。为此,他言语间总还有些愤愤然。他读的是英语专业,但毕业后只教了一两年的英语，其他时间都在做教育管理。外语未能大展身手，对他来说还是有些遗憾的。这不，在对联体诗歌上，他就把英语用上了。他每一首对联体诗歌，都有英文对译的。可惜的是，他的这份才华在海丰没有多少人能发自内心地去欣赏、赞美，为此他越发觉得自己高古。对于他的那些诗歌及英文对译，我也只能表面上肯定，说难能可贵云云，因为兴趣的差异，我并未表现出过多的欣赏。

罗先生每天来时都有点睡眼惺忪的样子，为此，我们每天都要叮嘱他回家后好好休息。有一天，他说出了疲倦的缘由，原来他每天都是睡上两个小时，然后起来写诗两个小时；然后没事继续睡，睡上两个小时，又醒来写诗，翻译。难怪！但我们也没法叫他改掉这个习惯，只是希望他调查时要打起精神。因为困乏，他在录音的间隙以及歇息的时间，就会躺下闭上眼睛，一动不动。

2016年10月初，我们前往海丰补录，进一步完善资料。罗老师一如既往地配合，一直到了最后一天，就快完工时，突然出现了状况。

罗老师本人对一些用字有自己固守的看法，比如他认为海丰话的读如[naŋ^{55}]的"人"，本字就该是当地人使用的"人"而非"侬"；"打"的发音是[phaʔ^2]不能写"拍"；"脚"虽然是[kha^{33}]，不能写"骹"；"香"虽读[phaŋ^{33}]，不能写"芳"；"高"虽然读如阳平的[kuãi^{55}]，不能写"悬"……这些字，方言学界根据语音对音关系，其实是当作训读来对待的，因此调查记录时，我们还是当作训读来看待。可能是因为语保中心要求签订协议书刺激了他本人的规约意识，他竟然提出，不能照方言学界的看法，而要依照他的看法来处理，否则他最后一个上午就不干了。甚至提出，要签订协议书，在出版时一定要用他的这些看法来书写。

　　这情况的突变，使我实在是哭笑不得。咋办？若是僵持下去，工作就无法开展了。"好好好！就依照您的主意办，我们来签协议吧！"为了工作能够及时完成，我就连忙答应，赶紧去制作协议书。原计划是打印好签字，为了避免他又生变卦，干脆找了两张白纸，写下了协议书，一式两份。协议书标题是"文字使用约定书"，对其中他坚持的十二个字进行约定，用字依照他的主意，但是可以用小字说明其他看法。他认定后，我们就彼此签字。这下他得意了，喜笑颜开，最终将补录工作完成了。

　　这个协议书的签订，事出有因，但实在是出于无奈，有求于人，尽管不合理，为了推动工作，就真的签了。当然，希望这只是一个插曲、玩笑，罗老师时过境迁后也就不再计较了。

大狗场

李锦芳（中央民族大学）

赶集，西南一带汉语方言中四川、云南多说"赶街"，也说"赶场"，贵州大多说"赶场"，广西官话流行地区说"赶街"，粤方言和壮语流行地区说"赶圩""趁圩"。历史上，贵州地区以十二生肖随地支排序（如子为鼠日，丑为牛日），命名相近的区域集市，以保证每一天或相隔不久的日子里在一定的区域范围内都有集市，方便贸易。云南部分地区，尤其是明清后贵州民众迁入较多的地区，包括广西紧邻贵州的隆林、西林二县，也按此方式安排集市贸易。于是留下不少鼠场、龙场、猴场、鸡场、蛇场、牛街、羊街、兔街这样的地名。后来有的也避俗趋雅、避凶趋吉，将猪街改为珠街，虎街叫作猫街。贵州省安顺市平坝区高峰镇大狗场村是个仡佬族聚居地，这里地势较平缓，有大片稻田，是仡佬族分布地区中生产条件较好的。从地名便可知，这里是传统的集市贸易所在地，排在戌（狗）日交易。因人口发展，分出大狗场、小狗场两个村子。这里的仡佬族自称 [lau^{55}]，语言属于仡佬语稿方言，该方言主要分布在贵州省安顺市一带，均已濒危，仅部分老年人还能比较熟练地掌握。为数不多的仡佬语研究专著中，《仡佬语简志》（贺嘉善，1983）和《仡佬语研究》（张济民，1993）均系描写该方言，其中《仡佬语研究》主要描写大狗场仡佬语。大狗场仡佬族虽然已经多以贵州官话为主要用语，但是相对于其他片区的稿方言来说，这里的母语保持得相对好一些，有一批老年人还习惯使用仡佬语作为日常交际语，父母均说仡佬语的家庭，中年人也使用仡佬语进行简单会话。可以说，大狗场是一个隐匿着濒危语言仡佬语的热闹坪场。

2003年6月，遭受非典型肺炎肆虐后刚恢复正常生活，我便带着5位硕士研究生迫不及待地赶赴云南、贵州开展仡佬语调查。贵州平坝大狗场村是第一站。坐了20多个小时的长途火车，我们一大早来到贵阳，便马不停蹄赶赴贵州省民委开介绍信前往平坝联系调查事宜。机关里的办事人员是中央民族大学校友，很清楚我们的来意，便很快出具了介绍信。由于距离不算远，我们很快便乘客车来到平坝民委报到，再搭乘班车来到高峰镇。用过午餐后，镇里派车送我们到了大狗场村，由村民委员会负责协助调研、食宿等相关事宜，一行6人都住到了村委主任家。下午便物色到了十分理想的发音合作人，60多岁的何老先生，他是高中毕业学历，在乡务农并担任过赤脚医生（20世纪六七十年代缺少医护人员而由农民中选拔文化程度较高的人经过培训后担任的村级卫生所医务人员），母语熟练。当天，我们便进行了语言社会背景的初步调查。离开北京不到48小时，便已到达调研地点开展有效调查，确实是十分顺利，大家都感到十分欣慰。

大狗场的调查很有收获，我们记录到了2000多个词，20多则歌谣、故事传说和风俗谈，并且还进行了数码录音，这在之前针对仡佬语的调查中还很少见，有利于濒危语言文化资源的保存。

稿方言有鼻冠音声母［mp］［nt］［ŋk］等，这在仡佬语乃至侗台语等其他语言中都是罕见的，但在大狗场的调查中我们记录到了不少这样的词例，也发现这类声母正在变化，不稳定，也读成相应的塞音或鼻音，如［mp］也读［p］或［m］。这类声母我们原来以为是滞古，后来比较分析其他方言、亲属语言，认为是创新，是由鼻音声母塞化而来，这种现象在汉语闽方言和不少南方言中也都存在。

仡佬族向称"开山劈草，地盘业主"，被各民族认为是贵州最早的开发者，每年丰收时节过"吃新节"唱的古歌《开荒劈山歌》歌词为："祖先公公呀，祖先婆婆，祖先公公开山劈地得地盘，祖先婆婆治水耕田栽谷物。大金山高银山都是仡佬人呀，大地方新地方是仡佬人呀，子子孙孙世代耕耘得收获呀。"仡佬族是秦汉时期西南霸主"夜郎"的后裔，历史悠久。调查中发音人唱起古歌，诉说族群的历史记忆，声音洪亮，旋律感人，我们也为之动容。

大狗场的调研，条件比较艰苦，我蜷曲在一个长一米五，宽不到半米的木沙发上睡了一个星期，两个男生也挤在中间塌陷的棕绳床上，滚到一起。女生们则水土不服，被蚊叮虫咬，浑身起了大小水泡。没有书桌，我们只能坐在小矮凳上，用膝盖垫着记录语料，腰背十分吃力。最后阶段是记录话语材料，十分费力费脑，我几乎累瘫了。发音人何老先生是非常难遇的合作者，他担任民间宗教活动主持人，了解本民族文化，会唱歌，会讲故事，汉语、民语能力强，身体好，并热心配合。我们一天工作10到12个小时，老人家一早割过牛草便带着小孙女过来配合工作。由于超负荷工作，他也抱怨我们"机关里的人也没个作息时间"。发放劳务费时，老人家却悄悄地把我拉到一边，说给的费用太多了，要分给我。我说是按规定给的，请一定收下。老人家的积极配合是我们此次调查取得重要收获的关键。他说高中毕业时本来有机会上大学,也有机会参加空军,因是独生子需回家务农和赡养双亲,就错过了这些机会。

大狗场村的青壮年村民当时大多到山东烧砖去了,只留下老人和小孩。我们意外发现,由于老人带孙辈,跟他们讲仡佬语,村里的一部分儿童也掌握了仡佬语,比年轻父母还熟练。这实在是个有趣的事情。过了十几年了,不知道现在已经 20 来岁的这群孩子讲仡佬语的能力如何,是提高了还是退步了,倒是值得追踪调研。

大狗场村的经济和民族文化建设近年取得了很大发展,大狗场仡佬语也作为国家语言资源保护工程的语言调查点,得到了进一步的调查和音像摄录,但愿仡佬民族语言文化能一直维持下去。

三　早

覃凤余（广西大学）

2018 年，我们的主要工作是收集整理柳江区用方块壮字书写的壮语山歌。工作的程序是先从山歌歌手处收集歌本，再请歌手念一遍（这个过程中歌手往往忍不住要唱给我们听），我们用壮文和国际音标记录下来，再逐行对译和意译。这一年，我们收集了近 10000 行壮语山歌。

第一批的本子中，有两个内容很相像的文本，可是题目不同，一个叫《三早：外孙有福气》，一个叫《满月歌》。从内容看，是说小孩刚出生满月，外婆送来很多东西。我们猜测"三早"的意思是，孩子满月后，过了三个早晨就如何如何。奇怪的是，歌中也没哪个地方说"三个早晨"怎样怎样的。随后的很多本子，比如《幽默歌》《征兵歌》《乱世歌》《旱涝歌》，都是"三早"。我们不禁打了个大问号："三早"肯定不是讲内容的，可能是山歌的一种形式？"三早"壮语读为 [sa:m¹ ça:u³]，写法五花八门，各种夹壮的汉字音都用上了，如"三草""三炒""三绍""三召"等。一个文化程度比较高的歌手称，"三炒"最为恰当。他解释：山歌中的某些段落要反复咏唱，类似炒菜时炒过来炒过去。下面左图是四句歌歌本原图，右图是咏唱时段落反复后的排列图：

```
      歌本原图                    实际咏唱图
      7   5   3   1        3   7   1   5   3   1
      ○   ○   ○   ○        ○   ○   ○   ○   ○   ○
      ○   ○   ○   ○        ○   ○   ○   ○   ○   ○
      ○   ○   ○   ○        ○   ○   ○   ○   ○   ○
      ○   ○   ○   ○        ○   ○   ○   ○   ○   ○
      ○   ○   ○   ○        ○   ○   ○   ○   ○   ○
      8   6   4   2        4   8   2   6   4   2
      ○   ○   ○   ○        ○   ○   ○   ○   ○   ○
      ○   ○   ○   ○        ○   ○   ○   ○   ○   ○
      ○   ○   ○   ○        ○   ○   ○   ○   ○   ○
      ○   ○   ○   ○        ○   ○   ○   ○   ○   ○
      ○   ○   ○   ○        ○   ○   ○   ○   ○   ○
```

歌手用的本子竖行排列，只写8句，但是唱的时候，要唱够12句。1、2、3、4句为第一小节，第一小节的4句分裂为两部分，其中第1、2句与第5、6句构成第二小节，第3、4句与第7、8句构成第三小节。清代陆祚蕃的《粤西偶记》中称"狼之为歌，五言八句，唱时叠作十二句"，说的就是这种形式。8句的歌要唱成12句，共三个小节，我们顿时猜到"三早"就是三个小节的意思。歌本同样写的是8句，熟练的歌手看一眼，就可以根据押韵关系判断哪个要唱8句，哪个要唱12句，所以，歌手要跟我们强调：这个是"三早"，这个不是"三早"。语言学田野调查的学者天生敏感，马上就产生疑问，为什么山歌的一小节叫作"早、草、炒、绍、召"？为什么只有"三早"却没有"一早""二早"（4句就是"一早"，8句就是"二早"啊）？

2018年12月，我们又一次去了柳江，碰到一位穿山镇的韦阿姨。据说穿山的山歌很古老，柳江区的文化人收集的歌本很多都是抄这位韦阿姨的。鉴于之前我们收录了很多四句歌，这次就

想多收一些三句歌。大家都称三句歌是"古文歌",壮语叫 [vu:n¹ko³fan²]。三句歌的本子往往这样排列:

```
       7              4              1
       ○              ○              ○
       ○              ○              ○
       ○              ○              ○
       ○              ○              ○
       ○              ○              ○
     9  8          6  5          3  2
     ○  ○          ○  ○          ○  ○
     ○  ○          ○  ○          ○  ○
     ○  ○          ○  ○          ○  ○
     ○  ○          ○  ○          ○  ○
     ○  ○          ○  ○          ○  ○
```

三句歌一章共9句,从右到左共列有三个小节。1、2、3句是第一节,4、5、6句是第二节,7、8、9句是第三节。这也是三个小节,韦阿姨说,这不叫"三早",壮话叫 [sa:m¹ɲa:u³]。我们顿时豁然开朗。柳江一带管鸡爪叫 [ɲa:u³],每一小节的第一句写在上面,后面两句分别排在下面,不就像个鸡爪吗?三个小节就像三个鸡爪,所以叫 [sa:m¹ ɲa:u³]。四句歌要唱12句,也是三个小节,排列方式是上面2句,下面2句,虽然不像鸡爪,但是跟三句歌的概念是一致的,也应该可以套用三句歌的术语叫作 [sa:m¹ ɲa:u³]。为什么不说 [sa:m¹ ɲa:u³] 而说 [sa:m¹ ɕa:u³] 呢?[ɲa:u³] 写汉字为"爪","爪"的文读音,壮族人读如 [ɕa:u³],"早、草、绍、召、炒"等,应该就是"爪"的记音汉音。黄勇刹《壮族歌谣概论》中称"老百姓习惯叫作一绍"[1]，说明"爪［ça:u³］"这个概念在民间用得还是比较广泛的。

为什么只有"三爪"而没有"一爪""二爪"？三句歌是古文歌，可能是后来各种山歌的源头形式。三句歌每三句一小节，一章有9句，即"第1爪+第2爪+第3爪"。四句歌是晚近的形式，四句歌循环往复的形式也要按古老的形式唱成"第1爪+第2爪+第3爪"，所以就叫"三爪"咯。三句歌一章最少要9句，没有6句或3句成一章的，也就没有"二爪""一爪"之说。即便四句歌有8句或4句成一章的，也不称"二爪""一爪"。

---

[1] 黄勇刹：《壮族歌谣概论》，广西民族出版社，1983年，第69页。

走进马尿水

吕嵩崧（百色学院）

第一次记录高山汉话的词汇，是在2008年9月的一天，那时我把发音人席礼茂大哥请到百色，陈小燕老师和我的一拨同门，挤在我小小的办公室，照着词表一个一个地询问、记录。席大哥极耐心地回答我们的各种询问。但是，离开了熟悉的生活环境，他的语言不再鲜活，许多词硬是想不起来了。第一次调查，词表在不尽如人意的情况下草草完成了。

面对这样一个很不充分的调查，我一直心有不甘。于是，2009年的第一天，我就出发前往席大哥居住的岩脚村。之前听很多人说过"高山汉"名称的来历，这时才真正体会到，"高山汉"居住的地方，的确，除了山，便是山道。

这个小村子名叫马尿水，这个名称有些奇怪的村庄，只居住着7户人家。我就在发音人席大哥的家中住下。

席大哥的弟弟席礼先正在起房子（建房子），于是我比较容易地获取了一批与建筑有关的词语。因为房子还没起好，他们暂时居住在随便搭建的，不作为永久居住的房子里，这样的房子他们称作"栽杈棚"；村里还有一部分用木板拼接成墙的房子，他们称作"板皮房"；用木料搭墙叫"装壁头"；用夯筑的方法筑成的墙叫"舂墙"；房前屋檐下的大片平地叫"阶阳坝"；没有屋檐的较宽的阶阳坝叫"大阶阳"，也叫"天星坝"；有屋檐的较小的阶阳坝叫"小阶阳"；堂屋两边的墙叫"龙虎壁"；龙虎壁之外的其他墙壁叫"干壁";重檐的下一层叫"二滴水";捶打地面使其平整叫"捶地";使地面平整或光滑叫"打平"……

这个小小的村子隐藏在深山窝里,这里有漫山遍野恣意生长的草木,以及在山石、草木中快乐生活的形形色色的小动物,我希望,与它们有关的词语,能使我的材料更加丰满,更加全面,更加真实,更加生动。

得知我的意思后,席礼先的女儿秋兰从屋角背起一个背篓,领着我登上了屋后的山。

每看见一种植物,秋兰就会告诉我这种植物的名称,对一些特别的名称她还专门做了解释。她告诉我,小而软的野果叫"泡","黄泡刺"是一种藤类植物,结的果实当地称为"黄泡";"马奶泡"是一种形状略似草莓的红色的野果;"马酸泡"有两种,平顶的可食,尖顶的不可食;"红米泡"的果实是一个小小的颗粒。有一种灌木叫"叫口〔tsyi⁵⁴〕木",把枝条拧动后从树皮里抽出来,成为空壳的树皮可以制成哨子,因而得名。一种叶子像爪子的树叫"拐爪木"。一种树干略呈白色且生长迅速的树叫"白筋条树"。一种树皮磨成的粉可使人皮肤过敏的树叫"火辣树"。"肥田树"则是一种可以作为绿肥的植物。"岩趴木"也叫"趴岩木",是一种趴在岩石上生长的灌木。"糠壳木"老了以后树皮会一层层揭开脱落。"九层皮"的树皮有多层,可以制作绳索。"脱皮龙"是一种一年脱一次皮的灌木。"饭香木"焚烧后香气浓烈。"散血草"可以止血。寄生在别的植物上的"菟丝子",他们叫"无娘藤"。一种不能用于捆扎的藤类植物,他们叫"鸡屎藤",以鸡屎喻其极软,易折。"野棉花"的果实像棉花,根可治疗胀气……秋兰虽然年纪不大,但因长期参加劳动,我们看到的植物,绝大部分她都认识。少量不认识的,她就把枝叶折下,扔到背篓里,背回家让老人们给我解答。

秋兰还告诉我,制作五色糯米饭,可以用紫草加工成紫色染料;黄色则用染饭花,也叫"染饭黄"。五色糯米饭是壮族的传统食品,一般在农历三月初三制作食用,"高山汉"迁徙到此,也吸收了壮族的这一习俗。

山路旁,立着一棵枯死的树,树干贴地的地方缺了一圈树皮,她说,这叫"骟树子",在树干接近地面的地方把树皮割开一个环形,这棵树就会死亡。"骟"本来是用于动物的,在他们的语言里,"树"也可以骟。

山里人对小动物有着比城里人更清晰的认知和分类,比如蚂蚁,除了城里人简单的"大蚂蚁""小蚂蚁""黄蚂蚁""红蚂蚁"的分类,他们还有更细的划分。一种不仅咬人,而且可以用尖利的嘴蜇人,蜇后皮肤又麻又痛的蚂蚁,他们称为"蛇皮蚂蚁";一种个头较大,蜇人很厉害的,他们称为"钢叫子"。

再如老鼠,在河沟里生活的个儿比较小的老鼠称"水老鼠";一种经常爬树的老鼠叫"马叼铃";有种老鼠,传说运气不好的人被它抓到裤脚后会倒霉,他们称"黄妖灵";一种味儿苦,连猫都不吃的老鼠,他们称"苦老鼠"。

这么细致的分类,我之前闻所未闻;加上已在城市生活了比较长的时间,觉得真是新鲜有趣。

令我惊讶的是,虽然身处山间,他们说出的鱼的名称并不少。除了常见的鲤鱼、鲫鱼、草鱼、塘鲺、黄鳝、泥鳅外,他们把一种身形比较细长的鱼叫"剑鱼";把一种生活在山洞中,味道鲜美的鱼叫作"山洞剑鱼";把河鳗称为"蛇鱼";把一种个儿小，喜欢趴在石头上的鱼叫作"趴岩鱼"；把一种身形细长、皮肤发亮的泥鳅叫作"钢鳅"。对于我的疑问，他们告诉我，以前山下是一条河，因为山上植被很好，水量还不小，只是现在树少了，河水也没有了。看来这些水生动物的名称也记录了生态环境的变化。

"田调"遇风记

甘于恩（暨南大学）

下乡调查，总会遇及许多意想不到的状况，需要努力去克服。但像这次这样，被"妮妲"所阻，还是第一次。

这里的"遇风"，当然不是一般的遇风，而是遇到台风。网上的通告内容为：

> 今年4号台风"妮妲"预计于8月2日早晨到中午以台风或强台风（13级至14级）登陆广东沿海，或将正面袭击珠三角。

7月31日中午，我们从汕头（前此到南澳县了解南澳语保项目的开展情况）几经周折来到陆河县新田镇。匆匆吃了午饭，就与新田镇老镇长叶永能、陈国渐老庭长和发音人杨德林先生座谈，了解当地方言情况。

我们住的地方叫"阳光温泉酒店"，楼下二楼是卡拉OK厅，下午5点多即有人当"跑音大王"，对调查影响甚大。与老镇长商量，附近山上有个山庄，环境优雅，也有饮食，似乎可以搬到那儿去。老镇长自告奋勇，用私家车搭载我们和揭阳职业技术学院的谢若秋老师，浩浩荡荡开进山里。晚上在那里品尝了山间美食，席间听说新田有闽南话，即请镇长代寻，并预订了三间客房。

8月1日是建军节，早上9时"福佬话"（当地叫"学佬话"，民间解释这样叫是因为这种方言难学，学到老都学不会）

发音人余先生如约来到，这是此次田野调查的意外收获。可是另一位发音人说有事不能来，只好请陈庭长帮忙。闽南话在当地属弱势方言，只有几千人使用，余先生发音过程中不断回忆，速度较慢，我们心里有点着急。下午他又来电称家里来客人了，需要接待，不能来了。

晚上老镇长请我们品尝了本地美食，回来后准备冲凉，打开水龙头才发现只有热水，因为水压太低，冷水上不来。于是我想了一个办法，将热水放入洗脸盆，凉了后再用水杯舀出来冲身子，不禁为自己的机智而得意。没想到洗了一半突然停电，摸黑打开手机，可能上帝要考验我，手电筒的功能又无法使用，只好借着屏幕微弱的光亮，匆匆洗了澡，又洗了衣服。

晚上9点多，镇上的公务车开过来，响着喇叭，提醒居民注意台风。外面风雨交加，颇有台风来临前的紧张氛围。大约过了半个小时，来了电，众人一片欢呼。可是好景不长，10点左右又停了电，我们只好早早上床休息。

2日一早起来，吃完早餐依然没电，大家很是焦虑。老镇长的手机又打不通，只好向县城的朋友罗新焕求助，给他发了短信，说如果上午不来电，要考虑到镇政府或县城继续录音，但去县城录，要劳烦一众发音人，不太可行。9点多，老镇长来到，原来是因为停电，手机没电关机了，他安慰说应该会很快抢修电路，恢复供电。我们决定先使用电脑里的储备电能，两部电脑同时工作，分别采录客家话和福佬话语料。11点，酒店恢复供电，一片光明。

下午调查完福佬话语音后，一鼓作气，将语法也调查完毕。客家话进展挺顺利的，录至1300条。4时许，陆河宣传部李副部长连同罗新焕老师一同来到酒店,了解调查情况,对我们在台风期间坚持田野调查表示感谢。晚上为了预防万一,请陈庭长加班录音,他满口应承,一直录到10点多,实在令人感动。

  3日上午继续录福佬话和客家话。午前福佬话调查毕,老镇长为我们饯行。饭后老镇长又写了几幅书画,送给我们。谢老师留下继续调查。

  下午1时许,老镇长亲自开车送我们至车站,目送我们离开,这次先抑后扬的田野调查就此结束。

记忆中的微笑

瞿建慧（吉首大学）

2006年的那个夏天，为了完成我的博士论文《湘语辰溆片语音研究》，我背着行囊，只身一人去了湖南省怀化市辰溪县。同学的同学帮我联系好了田湾乡的乡长。乡长很热情，亲自带着我去见发音人。在一间低矮的小木屋前面，我见到了我的发音人。他约莫70岁，看起来身体很不错，也很健谈。他家的木屋虽然简陋，但很整洁，也很安静，是个理想的工作场所，我决定就在这里开展我的田湾话调查。乡长临走前问我："你要不要吃点心？"我心里想：再过一两个小时该吃午饭了，这点心就不吃了吧。于是婉言谢绝了。等乡长走后，我就摊开《方言调查字表》开始调查了。两个钟头过去了，三个钟头过去了，四个钟头也过去了……我的肚子已经饿得不行了，却仍然不见乡长的身影。我决定不再等乡长了，自己请发音人一起吃午饭。我对发音人说："我们找个地方吃个午饭吧？"发音人说："我们乡下一天只吃两顿饭，早饭吃得晚，晚饭吃得早，午饭一般就不吃了。你刚才不是跟乡长说不吃午饭了吗？""乡长不是问我吃不吃点心吗？"我说。发音人一下笑了起来："我们这儿把午饭就叫作点心。"我这才恍然大悟，原来此"点心"非彼"点心"啊！我也不由得笑了起来。

调查完了辰溪，我转战溆浦县城所在地卢峰镇。溆浦县我人生地不熟，我先生早些年参加培训时认识了一位溆浦的朋友，我只有去"投靠"这位朋友了。见了面，我向他说明了来意，他也给我推荐了好几位发音人，但不是年龄不合适，就是从乡下搬迁过来的，不是土生土长的卢峰人。找了两天，还是没有找到合适的发音人，我的心情极为沮丧。这天吃过午饭后，我独自去街上散心，八月的溆浦太阳毒辣辣的，没走几步，汗就下来了。走过街的转角处，有一处阴凉地，几位拉板车的人围在一起歇凉。我走了过去，一看，原来他们在下象棋。我冒昧地问了一下他们："你们这儿有没有六七十岁的卢峰镇人呢？""有啊！"他们齐刷刷地把手指向了一位看起来很精神的老人。一问，其他条件也都符合，于是我带着他回到宾馆开始了调查。这真的是"踏破铁鞋无觅处，得来全不费工夫"啊！回宾馆的路上，我感觉太阳似乎没有先前那么毒辣了，脸上露出了久违的笑容。

　　后来，我们又去了溆浦乡下。但朋友早已联系好的发音人却临时变卦，躲着不肯来见我。朋友急了，马上打电话联系其他人，打了好几通电话，终于联系上她同学的爷爷，正合适。只是离我们所在的地方有好几里地，还要翻越一座山。很快，她的同学骑着摩托车赶了过来，说带我们去见他的爷爷，我们坐着他的摩托车上路了。山路七拐八弯，道路的一旁是悬崖峭壁。路面坑坑洼洼，人坐在摩托车上一颠一颠的。颠得你心惊肉跳，生怕出什么事儿。果然，转弯的时候我们从摩托车上摔了下来。还好都没伤着，我说什么也不愿意再坐上那辆摩托车了，我担心大家的安全。我们正准备下山，来了另一辆摩托车，车上那小伙子是朋友同学爷爷村子里的。朋友的同学说他经常骑这山路，没问题的。于是，我们坐上了这一辆摩托车，朋友的同学骑着他自己的摩托车，一起去见朋友同学的爷爷。那天是他爷爷的生日，爷爷却坚持把调查做完,还邀请我们吃了他的生日宴。吃过饭后,天色已黑,我们借着手机的亮光骑着摩托车下山了。下山其实比上山更危险,可不知怎么的,我没有原来那么害怕了。平安下山后,我们去朋友家住宿,去的那条路正在修,前面的车驶过后扬起的灰尘一次又一次地落在我们的头上、脸上和衣服上。等我们到朋友家后,下了车,相视而笑,原来我们都变成"灰人"了。

田野调查少不了辛苦,也免不了遇上一些困难和挫折,但回想起来,更多的是那些开心的糗事、意外的惊喜和可亲可爱的人们。

我是一个不小心出生在荷兰的景颇族

乐安东（榕树根儿童教育公益机构）

很奇怪，还没来过中国，我就决定要去云南省德宏州研究载瓦语了。

我总喜欢挑战自己，做另类的事情。1989 年在荷兰莱顿大学选择读汉语本科，也是因为当时学汉语的西方人还很少，而且印象中这个庞大、古老又神秘的国度，只能从历史书里读到，似乎没人了解它最新的消息，我多想去探险一番。学习了一年多，我发现一个更"另类"的专业：藏缅语系的比较语言学，并把它选为第二专业同时进修。

比较语言学家大概分两类：一是书呆子型，喜欢在办公室里不停地分析出新理论、语言之间的新关系和迁徙分化的故事。二是探险型，喜欢实地考察，为找到语系最宝贵的活着的痕迹，钻到很偏僻甚至艰苦的地方去。理想的比较语言学家是两种兼有，我主要属于第二种。不过需要强调，所谓"艰苦"要看自己的态度，对我来说主要是新鲜感和乐趣。

汉语和中国许多少数民族语言以及一些周边国家的语言都属于汉藏语系，包含 400 多种语言。从学者的角度，我能做的最有价值的事，就是找个几乎没人研究过的民族语言，也就是学术空白来做。如果课题是新的，我努力做好，我就是专家。

云南德宏傣族景颇族自治州瑞丽市户育乡的雷弄村，是我最主要的载瓦语研究基地，逐渐变成洒满我最浓厚感情的几个寨子之一。在雷弄山的半山腰上,往西、南、北三面望去,都是缅甸的山。20世纪90年代,村路还是红土泥巴路,老百姓还没有摩托车,靠走路或偶尔搭上难得的拖拉机去远方。村里连一座砖房都没有,人们住在各种各样的竹楼里。现在景颇人还跟我一样,认为竹楼住着最舒服:隔热好,透气又通烟,地板很有弹性,从竹编墙的小缝能看到外面谁来了,不用很大声,屋里屋外的人也可以说说笑笑,问问有什么事,吃饭了没。每座竹楼各不相同,寨子就是个很有看头的博物馆。全村只有几台黑白电视,邻居们喜欢凑在一起看,其实不怎么看,主要是聊天,经常停电也觉得无所谓。

枯燥的研究工作中,每天在乡亲家蹭饭,传统景颇菜好吃得让我幸福无比!偏素,油不多,有许多种味道很香的野菜,有生拌的、舂的、煎的、剁细后包在叶子里焖烧的、放在竹筒里烤的,放许多姜、山姜、小西红柿、发酵的豆豉、当地特有的佐料、溪流里的小鱼虾,还有许多许多辣椒,吃起来极其开胃。

语言学是门挺"变态"的学科,要没点强迫症,还真坚持不下来。我在寨子里的任务是从零开始,把载瓦语言从头到尾梳理、记录和描述下来,这个过程听起来就困难,实际上也是如此。总之,要模仿和追问一切听到的最准确的发音,琢磨听到的一切句子里每个小零件最基本的意思。懂了它们的意思才能明白它在句中的用法,为什么是这样用而不是那样用的,渐渐开始找到规律和逻辑。语言是有生命的,一切运转都有原因。大概就是这么一个既枯燥又很难放下的过程,以及经常有新发现带来的快乐和刨根问底的有趣交谈,才能让我做得不那么痛苦。不过,发音和语义的区别问得太细,常常会把"发音人"逼疯。我主要的发音人和载瓦语老师叫排昆，当时他还是个小伙子，小学代课老师，是个极其聪明和认真的人，他和我一起熬过了这个艰难的过程，真是很伟大。

也是排昆带我去了雷弄山后更偏僻的武甸寨，拜访他叔叔跑齐干：武甸寨的董萨（巫师）。在跑齐干的客厅，被烟熏黑的墙上挂着好几套传统长刀和布包，是他在祭祀中和不同鬼神打交道时带的。我们慢慢地靠在火塘边，久久地听他讲各种鬼神的故事。老人还讲了一个很长的故事，内容是远古的大洪水时期，很多鬼神和人类的起源。彩虹妈妈常常哭着，是因为她那被剁碎的孩子变成了我们人类的无数个祖先，但他们却不认得她了，还彼此厮杀。很神奇的是，故事里除了好多沉重的成分，也包含着许多幽默之处。故事被前辈人无数次地讲过之后，故事里鬼神的家里也变成人类家中的模样，要做饭刷碗等，文化的传承真是个生动的过程。

说起我和景颇族，不能不提目瑙。目瑙纵歌是景颇族一年一度最盛大的节日，周围许多寨子的人穿着五光十色的盛装赶来参加。最主要的活动是，白天在一个圆形的场地和几千人一起跟着瑙双（领舞的神职人员）跳一种快乐又隆重的舞蹈，听着那激昂的鼓声，你脚下就没法不跳舞。景颇族男人都举着长刀，所以我也举，一跳就是一场，3个小时，参加三天至少跳4场，夜里还在篝火旁尽情跳舞、唱歌、喝酒。

1995年我第一次参加目瑙，是跟雷弄好多亲戚们坐拖拉机一起去的。那是我人生中最快乐的一次狂欢，两天连一夜基本没睡觉。最后，又困又累的我们挤满了几辆拖拉机一起回到雷弄，好多人尤其是孩子在车上都忍不住睡着了，我和另外几个人就一直忙着支撑或抱住快掉下车的人。我们顾不上自己的疲惫,只觉得睡得东倒西歪的人样子很滑稽。下了车,我和排昆发现自己的腿已经没法正常走路了,只能用跳舞的步法继续跳回家去。

快 30 年过去了,雷弄变化很大。现在大家住着砖房,彩电、手机和自来水已经普及,原始森林被砍了一些,橡胶林面积越来越大。

我在莱顿大学的博士论文早已于 2002 年答辩通过,我那 1700 页的《载瓦语语法和词典》也在 2010 年出版了,但我和德宏以及景颇族的感情没断过,年年会来。

后来我和妻子李旸搬离北京,定居在德宏的景颇山寨里了,并且为景颇族的孩子们建起了一座身边的学习乐园——榕树根之家,过去十年一直用各种课程和公益活动,陪伴着困境中的留守儿童成长。

我真没想到,最初对中国和中文的好奇心,居然把我引向景颇山寨这个神奇的世界和现在这种特别的生活方式:面对着绿色的大山和弯弯曲曲的龙江,在我和李旸亲手盖起的榕树根之家里,我们和几百个聪明、能干又可爱的景颇山里小孩,一起创造着奇迹。我们就像不同文化、不同思想之间的小竹桥,让人们可以通过我们,踏上对岸。

谁家玉笛扬曲韵

徐蓉（上海子水文化传播有限公司）

我在复旦大学中文系攻读语言学硕士研究生时，曾经有幸跟随导师游汝杰先生进行了多次的田野考察活动，并得到游先生严格而细致的指导。

2001年开始，我跟随游汝杰老师着手一项研究课题"地方戏曲与方言音韵"。从现代语言学角度来研究戏曲音韵，这在之前是一个研究空白领域，要完成这个课题，田野调查的手段必不可少。

我选择了昆剧，作为入手研究的戏曲种类。它既有地方戏曲的特性，也有全国性戏剧的共性，所以，要做好研究，田野调查的范围势必扩大。

2001年2月，带着一支录音笔，揣着一叠《方言调查字表》以及相关资料，我开始了为时一年半的全国范围的实地考察和语言调查。

地处江苏、浙江、上海等江南一带的"南昆"，是昆剧孕育、诞生、发展时期形成的一个重要流派。"吴侬软语"的方言也奠定了南昆乃至整个昆剧的唱词、念白等的特点。所以，田野调查的第一步，就是对昆剧的原生地语言——昆山方言进行调查。

经过多方联系和筛选，我找到了发音人陆阿姨，年龄69岁，土生土长的昆山本地人，初中文化，曾任街道办主任。陆阿姨提前到了我们的会面地点,非常的热情。

"虽然我不太懂那个田什么的调查,但我知道这是有学问的人做的事,一定积极配合!"

"感谢感谢!陆阿姨,您只要按照我的这份调查字表,看到什么字或者词语,按照您平时的方言念出来就行,我会做记录。"

"行行,念字这个我会!"

于是我们的记音工作顺利开始。可惜,很快我就发现了一件糟糕的事情。由于陆阿姨认为这是一件"有学问的人做的事",而之前又有做过街道干部的经历,她的发音不自觉中变成了"带有昆山口音的官话"。

为了防止调查结果失真,记音工作只能暂停。我开始尝试着用同为吴语的上海话和阿姨拉家常。因为上海和昆山从地缘上相近,彼此也能互相通话。不会说昆山话的我,只能用相近的方言聊一些风俗文化相似的话题,试图让陆阿姨放松、接地气,尽快进入调查所需要的"土的"方言语境中。

聊了快大半个小时,记音工作重新开始。可是这一回,我遇到了一个新的状况。由于上海话在吴方言地区属于流传度和熟知度相对较高的方言,这回聊着聊着,陆阿姨的口音被我带成了"带昆山腔的上海话"。

记音工作再次中断。

陆阿姨的心里也很急,但似乎越急越找不到感觉,仿佛一下子不知道怎么说话了。于是,我又想尽办法尝试着找来陆阿姨的家人、同事,和她一起用昆山话聊家常,在他们聊得渐入佳境的时候,再慢慢引导她发出调查字表上的字词。

这一折腾,转眼就到了下午。当时的记音工具还远没现在这么便捷先进,更没有电脑采录软件。除了录音笔,便只有一支笔、一张纸,靠耳朵在现场用国际音标标注。有的时候人累了稍一出神,就得重来。调查字表才进行到一半,陆阿姨就"噌"地站起来,要去接孙子放学,说什么都不肯继续,留下我在原地欲哭无泪。

"欲速则不达。"我想起导师提醒我们的话,想取得真实、鲜活的一手资料,需要与发音人达到完全的熟悉、信任状态,与他们的生活尽可能融合。

于是,第二天,我就把调查地点从宾馆换到了陆阿姨家附近,累了就搬一把小椅子坐在她家门口,一边晒太阳,一边看她的家庭影集聊着家常,还不时召集周围的七大姑八大姨,一起加入聊天队伍中;并主动要求学几句昆山话,有时候故意讲错几个字,引来大家善意的大笑。就这样,慢慢熟稔之后,陆阿姨的发音状态越来越放松自然,周围的人也会不时提醒、更正,甚至激烈讨论起某个字的老派发音和新派发音的区别。有些老人还能哼唱一段昆曲,来验证自己的说法。这些都给我的记录带来了很多有趣的素材和必要的补充。这次调查不仅相对完整地记录和整理了昆山方言的韵母、声母以及声调系统,而且还收集了不少地道的土白词汇,了解了古音和现代发音的区别,感受连读变调对乐调的影响,等等,收获颇丰。

除了对昆剧发源地的方言调查,此次研究课题的田野考察,还包括走访各地的昆曲剧团。

至今记忆犹新的是,2001年秋我来到了北京的北方昆曲剧院。当时的北方昆曲剧院,还是一个"京昆合演"的剧团,位于城南陶然亭附近。也许正值午休时间,原本联系好的负责人一直没有接电话，我只能和门卫大爷说明来意，希望能先进去转转。

没想到有点耳背的大爷扯了一嗓子："啥？田野调查？咱这里是首都北京，哪来的田哪来的野？"

我赶紧换了一种直白的说法："哦，就是考察的意思，调查考察。"

大爷狐疑地看了我一眼："就这破破的楼，有啥好调查考察的？"

我望了一眼当时的昆曲剧院大楼，的确，斑驳的墙面、生锈的铁门，在秋风萧瑟中显得有点令人心疼的冷清。

具有高度警觉意识的门卫大爷依然坚守岗位，任凭我掏出各种证明都无济于事。于是，我只能在秋风中缩成一团，像一只刺猬一样等在门口，看着地上的落叶飞起，顿时感觉后背袭来一阵凉意。

过了半个小时，大爷看不下去了，探出身子喊我："姑娘，进去等吧，反正这里头也没啥可偷可抢的。"

当时昆曲剧团的心酸地位，可见一斑。但令我感动的是，剧团里依然有不少凭着对戏曲事业的热爱，苦苦支撑、认真排练演出的人。他们对我的调查给予了无私的支持。不仅在北方昆曲剧院，在全国各大剧院的走访中，我时常被这种坚持与热情感动着。

还记得当时的上海昆剧团团长、国家一级演员蔡正仁，不仅对我单独开放小剧场，让我近距离观察他们的排练，揣摩舞台语言的特色，还时常拉着我去绍兴路上的上海昆剧团食堂，和演员们一起吃饭聊天；还记得江苏省苏昆剧团的首席唱念教师、著名昆曲艺术家徐韶九的弟子毛伟志老师，不仅耐心接受了昆剧音韵的记音工作，还热心帮我搜集《牡丹亭》不同版本的影视资料；还记得位于南京朝天宫附近的江苏省昆剧院，只要一有新的剧目演出，他们就第一时间通知我免费观看，每次踏进剧院的大门，都感觉像是回了娘家。

　　这为时一年多的走访和调查，充满了艰辛和坎坷，但在我生命中，却也是一段深受触动、受益匪浅的经历。田野考察，不仅是对我们专业能力的考验，还是对耐心、持久力、沟通力，以及对环境适应能力的极大锻炼。尽管日后我并没有走上语言学教育工作的道路，而是当了一名电视台记者，但是通过现代语言学而得到的科学、严格的田野考察训练，让我在今后的职业生涯中受益无穷。深深地感谢这一课题的田野考察，不仅让我收获了这些珍贵难得的一手资料，而且对我们的传统文化进行了一次难得的全面认识与深入思考。

　　2006年，由导师游汝杰主编的《地方戏曲音韵研究》一书在商务印书馆出版。书中除了昆剧音韵，还收录了我的同门师兄姐们撰写的越剧、京剧、黄梅戏等其他重要剧种的研究文字。回看这数十万的文字或韵谱，我不禁感慨万千。虽然因为当时调查条件限制，书中尚有不完善之处值得改进，但如果能为后来的研究者们分享我们的田野考察成果，提供哪怕一点点有价值的学术观点，我们也感到欣慰无比！

一方人说一方话

黄玉良（陕西省洛川县财政局）

虽然我不是土生土长的洛川人，却对洛川方言有着浓厚的兴趣，逐渐养成了从生活中记录方言土语词汇的习惯。我最初关注洛川方言，是注意到自己的家乡方言与洛川方言有诸多不同之处，倍感新奇有趣。比如，在河南许昌老家，把蹲下叫"古堆"，洛川则叫"圪蹴下"；许昌把知了叫"蚂叽鸟儿"，洛川则叫"呜婴"；知了褪下来的空壳，许昌叫"爬碴"，洛川叫"呜婴壳"；难以共事、奸猾狡诈的人，许昌人骂"转窝头"或"赖种儿"，洛川则为"求咬腿儿"。于是，在洛川生活的这几十年里，我便把记录洛川方言词语作为"第二职业"，且是一份以兴趣作为驱动力的新职业，越做越投入。退休后，我用了5年时间，把通过调查搜集而得的6000多条土语词汇集成书，近期正广泛地向当地"老洛川"征询意见，而这些朋友总调侃我说："这洛川话洛川人没研究，反倒让个河南人给研究出名堂来了！"大概，这就是"入芝兰之室，久闻而不觉其香"吧。

方言土语司空见惯，本地人总认为它"土得掉渣"。不过，细细挖掘这祖祖辈辈通过口耳相传传承到今天的口语，便不难发现其中沉淀着珍贵的历史记忆和形象生动的表达。洛川方言形容能吃不能干的人，说"干活儿就像吊死鬼寻绳哩，吃饭就像杨九娃攻城哩"。这儿的杨九娃，就是杨虎城的小名。1922年6月20日，杨虎城率所部围攻洛川县城，攻势极其紧急猛烈，日夜不停地轮番进攻，一心想在援军到来之前拿下县城。7月5日，在探知缑保杰援军逼近时，遂弃城撤兵北去。战火纷飞已成为历史，一去不复返，但它却沉淀在方言土语里，活在老百姓的口语中。又如，洛川方言讥讽一些好高骛远的人，会说"有心到西山去挖参（人参），又想到东海（龙宫）去招亲，还想到北海去淘金"，十分形象生动。洛川方言里有一些语讳现象，其实蕴藏着当地人的文化心理以及他们对世界、对生活的解读。比如，洛川方言里注重"长者讳"，即小辈不能直呼长辈尊者的名字。想起我小时候，在遇到和父亲同名的长辈时，往往会有小伙伴们逗我，问我这位长辈姓甚名谁。这时，我只好说："是我爹的'同名'！"洛川方言讲究"避凶求吉"，有些不吉利的字都不直说，比如不说"死"，孩子夭折说"没了""没长下"；成年人去世，则说"走了"；若是老年人去世，则说"老了""过世了"；而小孩子病了，说"不乖"。还讲究"避恶趋善"，把可怕的东西在方言口语里"转化"为自己能驾驭的事物，当地农村人怕蛇，见着蛇就说这是"懔虫"；如果洛川人告诉你，今天早上在村口碰见"狸狸子"了，那就是碰上狼了！

在调查记录洛川方言词汇的过程中，我也想起了年轻时的一些与方言有关的趣事。记得1969年年初，2700多个来自北京的年轻人进入洛川16个公社的各个村落，知青们学起东西来很快，掌握了几句常用语就如获至宝，不管合适不合适，都去使用，还闹出过许多笑话。一个知青给老爸的信中，用夹杂着新学会的洛川方言诉说对老爸的想念："老爸，我想你的'太太'（太太，在洛川方言为'很厉害'的意思）！"其父回信："想你妈就问候你妈，还要说想我的太太！"岂不知，此"太太"非彼"太太"也!

　　一方水土养一方人,一方人说一方话,不同的地域,不同的生活习惯,形成了不同的语言特点,而这些土语方言里,蕴含着丰富的民族密码和历史积淀。因此,在现代化一路高歌的社会进程中,挖掘整理方言土语,就是对中华优秀传统文化开展抢救性保护。这项工作,不仅需要"学院派"的专家学者出手,也需要我们这些对故乡、对语言、对文化有着深厚情感的"编外人士"共同努力。

秀水的清泉

邓玉荣（贺州学院）

"会稽尚隔三千里，临贺初盘一百滩。殊俗问津言语异，长年为客路歧难"，这是宋代诗人陈与义途经临贺（今贺州）时写下的诗句。由于历史的原因，地处湘、粤、桂三省区交界处的贺州，其方言非常丰富复杂。在只有1.18万平方公里的地方，有分属十大汉语方言中的粤语、客家话、官话、湘语、闽语、土话、平话等方言的各种次方言近30种，另有壮语、勉语、标话3种少数民族语言。两个村子只隔着一条水沟，鸡犬之声相闻，却讲不同的语言或方言，村民之间也不能通话，这种情况很常见。有的方言只有一个小村子的村民会讲，他们在家讲自己的母语，外出讲当地通行的方言，以至于周边的村庄有的人都不知道附近村子有这么一种不同的方言。由于婆媳母语背景不同，一户人家讲几种方言或语言的情况也很常见，能讲六七种不同的语言或方言的语言达人也不少。

历史赐予贺州这座丰厚的语言富矿，为语言学研究者提供了施展才华的广阔舞台。在贺州方圆几十公里的范围内，就可以调查到众多的汉语方言及多种少数民族语言。

我对贺州的各种汉语方言进行详细调查，是从20世纪90年代初开始的。特别是2000年，我有幸到中国社会科学院语言研究所方言研究室做访问学者，在张振兴先生及方言研究室老师的指导下做贺州方言的专题研究，深入调查了客家话、铺门粤语、钟山土话等若干个语言点。其他同事也对一些语言点做了调查,并写出了较为详细的调查报告。

回想这些年来的田野调查,最难忘的是对富川瑶族自治县朝东镇秀水村九都话的调查。

难忘发音合作人毛健体老师及其亲戚王作人老师两家人的鼎力相助。调查先是在朝东镇上我的学生王作人家里进行的,后来干脆搬到离镇上几公里的秀水村发音人毛健体老师家里。毛老师专门腾出了一间屋子,打扫干净,架起床板,铺上洗涤得干干净净的被子,挂上蚊帐。尽管如此,农村的土房还是显得昏暗,对此毛老师觉得有些不安。但我本身来自农村,当民办教师时寒暑假集中劳动,读师范时下乡实习,打地铺住宿的日子就经历过不少,有这样的住宿条件我已经很满意了。毛老师的爱人时时变换着伙食,让我吃得满意。有时毛老师还操网到河里打来活蹦乱跳的小鱼,让我能尝到城里鲜见的美味。

难忘那种从生活中撷取语料的调查方式。富川土话是相当复杂的混合方言,在对通用字表、词表做了一番调查之后,还有相当多的词汇不能被调查出来,这只能从他们的日常语言生活中去撷取。住在发音人家里能直接感受他们的语言生活,是最笨也是最好的调查方式。毛老师在自己家乡小学教书,爱人是农民,他节假日还要耕种家里的几亩田地。我平时要上班上课,调查只能在节假日进行,但有时节假日毛老师不能从早到晚坐下来协助我调查。我就跟毛老师下田劳作,到河边放牛,带着一个本子,随时问各种动植物及农事活动的词汇。毛老师与村民交谈时,我就记他们的句子,晚上毛老师叫上一两个邻居来拉家常,从中也调查到不少的东西。随着调查的深入,我由开始调查时九都话一句也听不懂到基本能听懂，并能进行简单的会话。

难忘那段在学校与调查点之间奔波的紧张岁月。由于工作原因，我们的调查时间只能安排在节假日，寒暑假驻村时间可以稍长一点，而平时只能利用双休日进行。从贺州市区到秀水村有70多公里，我一般是星期五下午从贺州市区乘车出发，到富川县城再转车到镇上，然后坐摩托车到发音人家里。周六调查一天，周日工作到下午4点多，再到村边等候唯一一趟从恭城经富川到贺州市区的班车。如果错过了这趟车，就要坐摩托车到朝东镇搭班车到县城，再从县城坐车到贺州市区，从秀水回到贺州市区往往已经是灯火阑珊。有时一次下乡只能记录到少数语料，或是几十条词汇，或是几条谚语，但这些都不是从词汇表上可以问出来的，而是在日常的生活中不经意记录下来的，因此弥足珍贵。

难忘毛老师家的家风。毛老师夫妇共育有一女两子，我驻村调查时他的三个小孩一个读高中，一个读初中，一个读小学。毛老师教子有方，三个小孩后来都考上了大学，有了很好的工作。秀水是一个历史文化积淀非常深厚的村庄，保留了大量明清时期的古民居、宗祠、祖庙、古戏台、匾额等文物古迹。在整个科举时代，这个深藏于湘、桂交界处的小村庄出了一个状元，二十多个进士，恢复高考制度以来考上大学的就有一百多人。状元村深厚的文化气息从这个家庭可见一斑，调查的过程也是我接受优秀地方文化洗礼教育的过程。

难忘毛老师家院子里的那一汪清泉。秀水山秀水美，富川习俗，村边的风水林是要严加保护的，富川的村子旁边即使是怪石嶙峋的喀斯特石山，也都生长着郁郁葱葱的树林。秀水村村规约定,即使锅头下米,灶中无柴,也不准进入风水林打柴。只有年末几天,可以限量拾一些枯枝。毛老师的房屋坐落在山脚下,茂林修竹绕宅而生,一眼四季喷涌的清泉就从院子一角汩汩流出。在毛老师家前后跨越两个冬春的调查日子里,我洗漱大多是在泉边进行的,就着喷涌而出的清泉洗衣濯足,神清气爽,真是一种享受。无论后来调查了多少地点,即便随着科研条件的好转,再也没有住发音人家里调查方言的日子,还是总忘不了驻村调查的经历,更忘不了秀水的那一泓清泉!

田野调查就是方言学者获取第一手材料的不竭源泉!

计算机的诗意

矣晓沅　孙茂松（清华大学）

一　"九歌"，起点

"西风吹起银河水，散作江南万里天。"看到这样的诗句，您是否会想到它竟不是人类所作，而是出自机器人"九歌"之手？

自 1956 年达特茅斯会议以来，人工智能研究者们在国际象棋、围棋、绘画等一个个人类擅长的领域内不断探索着计算机的极限。诗歌作为人类语言智慧高度凝练化和艺术化的体现，早在 20 世纪 60 年代就进入了国外研究者的视线。国内针对中国古典诗歌自动生成的研究兴起于 20 世纪 90 年代，并且在 2016 年之前，已经有了若干个初具功能的自动作诗系统，然而效果都不尽如人意。对于诗歌生成这一任务，一方面，搜索空间将随着诗字数的增加而指数级增长。如对七言律诗，诗歌生成的潜在搜索空间规模将达到约 2^{744}，远高于围棋所有可能的不同盘面数（2^{572}）。另一方面，不同于棋类等竞技项目，诗歌创作没有明确的好坏胜负判断规则。因此，研究计算机诗歌生成对于解析人类文学创作的内在计算机制，开发计算机的创造能力乃至构建更加通用的文本生成模型都有一定的价值。于是，清华大学自然语言处理实验室（THUNLP）在 2016 年开始着手诗歌自动生成系统的研究。

研究伊始,我们就为系统取名"九歌"。《九歌》是战国时期伟大诗人屈原的名篇,这一命名意在致敬屈原,对中国的浪漫主义文学溯源,寄托了九歌的起点,即起于中国数千年的诗词文化之中;同时,"九"作为虚数意味"多","歌"作为"诗歌"的泛称,是我们对系统未来的期许,希望"九歌"能"创作"出很多优秀的诗作。

从《九歌》而起,伴"九歌"而行,我们开始了在计算机中追寻"诗意"的道路。

二 从诗中来,到诗中去

在自动作诗的研究上,我们坚持以任务而非以模型为导向,即针对诗歌创作的特点和面临的问题,借鉴诗歌写作、语言学、心理学等方面的理论,设计专门的解决方案和模型结构。我们研究的思路从诗中来,最终也应用到诗中去。

团队面临的第一个问题是上下文一致性。诗歌属于多行语句构成的篇章级别文本。一首诗的不同诗行之间连贯性和一致性是衡量诗歌质量的重要指标之一。"一夜扬州月,凄凉万里心。故乡无限意,惆怅暮云阴。"这首机器生成的五言绝句乍看文通字顺,然而第一句以"月"字点明时间为夜晚,第四句却在没有任何合理过渡转折的情况下,生成了"暮云"。时间与上文的不一致立刻暴露了这首诗非人所作。

为了解决这一问题,我们从相关的诗歌创作理论中寻求思路。在诗歌创作中,有"谋篇"之说。所谓"谋篇",即预先对诗词的内容和结构进行布局，设计好每一句写什么，如何起承转合等。已经有相关研究尝试过这种思路，但效果有限。

"谋篇"的路走不通，我们转向另一个思路——"意脉"。"意脉"的概念可追溯到《文心雕龙》的《章句》篇："裁文匠笔，篇有小大；离章合句，调有缓急，随变适会，莫见定准……故能外文绮交，内义脉注，跗萼相衔，首尾一体。"这一段论述启示我们，在写作中，要动态地、灵活地构建出整首诗的骨架主线，以此对上下文的内容和主题进行约束，做到上下紧密相关，意脉连贯。同时又要断续离合，荡开笔墨，允许一定的自由与发挥的空间，不能约束得太死板。

基于这样的思路，我们设计出了显著性线索机制模型。"忆昔扬州月，于今又一秋。故人何处是，落叶满汀洲。"这是该模型生成的诗歌。诗中第二句生成了"秋"，点明了季节，同时第四句生成与上文一致的"落叶"一词，进一步渲染了秋景。整首诗的主题和意境都有了较好的一致性。

我们面临的第二个问题是诗歌写作的"扣题"。人类写诗时，往往会在脑海中选定一个主题，然后围绕该主题展开创作。对于自动作诗系统，主题一般以用户输入的一个或多个关键词，如"春风""相思"等来确定。现有的系统要么漏生成某个关键词，无法很好地表达用户要求的主题；要么把用户给定的关键词直接生搬硬套地嵌入生成的诗歌中，直接露出机器的马脚。

对于这样的问题，我们从心理语言学里得到了一定的启发。人的大脑中存在一个名为工作记忆（Working Memory）的模块。心理语言学的相关理论表明，人阅读一篇文章时，如果能够把当前看到的句子和存储在工作记忆模块中的内容以及该篇文章的主题联系起来，就会觉得这篇文章扣题紧密，行文连贯。

因此，我们提出了基于工作记忆模型的诗歌生成方法，该方法使用不同的记忆模块存储用户输入的不同关键词和生成的上文内容。模型动态地不断读取和更新"自我"的记忆，以此来提升扣题的紧密度和灵活度。

"柳丝无力绾春愁，燕子归来恨未休。记得当年锦绣楼。为君留，别后相思泪满眸。"这是我们的模型以"柳色"和"思君"为关键词，生成的一首宋词《忆王孙》。整首词的主题连贯一致，紧密围绕离别和相思展开，同时用户输入的关键词的语义也得到了灵活的体现。

除此之外，"九歌"研发的过程中还遇到了很多困难。不论对待什么样的问题，团队在研究思路上一直在向人类的写作模式和创作技法取经，从诗中总结规律，由诗而思，由思而行。

三 让机器与人一起追寻诗意的远方

诗歌自动生成是一个有趣的任务，但同时面临着很多挑战和争议。"九歌"系统经过了两年的不断研发改进，生成诗歌的质量也在不断提高，也曾于2017年登上中央电视台《机智过人》舞台，与当代青年诗人比拼诗词创作。但同时，九歌团队也逐渐意识到机器诗作和人类诗作之间的鸿沟。或许诗离不开人，我们读的是诗的文字，然而脑海中浮现的是一个个具象的诗人及他们的爱恨与忧愁。我们希望"九歌"在未来的定位不是一个机器"诗人"，而是一名智能机器"助手"；不是替代人类写诗，而是辅助人类，尤其是辅助初学者进行诗词写作的学习，从而为我们中华优秀传统文化的传承和弘扬助力。

"九歌"目前刚刚迈出了第一步,我们将不断进行更加深入的研究和探讨。诗在远方,"九歌"将携手人类,在追求诗意的道路上步履不停。

田野拾趣

朱德康（中央民族大学）

2015年7月底，我和同门的两个师妹一起踏上北京开往贵阳的火车，开启了那个暑假的第三次语言资源调查。

为了调查布依语，贵州我去过多次，在攻读硕士和博士期间，那里几乎成为我的第二故乡。师妹们却是第一次去，难掩心中的向往和激动，嚷嚷着要去"大玩"一场，带得整个车厢里的空气都跟着躁动起来。到达贵阳时已是次日的夜晚，本想就近找个旅馆直接休息，却被两位师妹拉着去吃贵阳的夜市，又搞到半夜。第二天一早，我们匆匆赶上8点的班车出发去望谟县，颠簸了大半日，终于抵达目的地。

望谟县位于贵州省黔西南布依族苗族自治州，群山环抱，是布依族聚居人口最多的一个山区小县。我们在县城的顺风宾馆和我的博士生导师周国炎教授会合，稍事休息便开始了发音人的"面试"工作。不得不说，作为标准音点，望谟的布依语保护工作做得很好，语言活力强盛，前来"面试"的几位发音人母语更是不在话下。综合"语保工程"的相关要求，最终我们选定王封祥先生作为课题的主要民语发音人。当晚，当地的布依族朋友设宴欢迎我们，席间两个师妹还乐此不疲地学唱布依族祝酒歌，看着她们脸上洋溢的青春笑容，我想，这便是田野调查的魅力所在吧。

摄录场地的布置就显得困难重重。望谟是贫困县，没有专业的录音棚,为了达到理想的摄录环境,我们几乎跑遍了县城大大小小的所有宾馆,结果却不尽如人意。师妹们也因为找不到合适的地方开始变得茶饭不思,连刚学会的祝酒歌也不再哼唱了。耽误了几日后,周老师在当地的朋友托人找到了一个私人的录音工作室,我们如获至宝,大中午的扛起设备就跑去试音,经过一番调试,终于勉强达到摄录标准。商量完租用的费用和时间后,天色也渐渐暗了下来,空气中终于有了一丝难得的凉意,为了感谢朋友的帮忙,周老师提议去喝杯啤酒,大家欣然前往。

音像摄录在工作室敲定之后便紧锣密鼓地展开了。师妹们兴致盎然,争着要给发音人化妆,发音人性格腼腆,却欲拒还迎地答应了,气氛一片大好。但没想到的是,新的困难很快接踵而至。望谟处于红水河和北盘江的河谷地带,夏日空气极其潮热,加之工作室本就狭小密封,又没有可以降温的电器(电器的声音会影响摄录效果),早晚尚好些,到了正午,绝对可以和桑拿房媲美。我的体形偏胖,平时最怕这种闷热的环境,摄录的那段时间,手上的皮肤都被汗水浸得发白。两位师妹可能也是热得实在难受,每隔几分钟就会长叹一声,这让我很是慌张,生怕她们热出抑郁症来。

"抑郁症"的担心一直持续到整个工作结束。那是个晴空万里的日子,太阳依旧火辣,再三确认音视频材料无误后,我们扛起收拾好的设备昂首阔步地走出工作室,空气里的热浪扑面而来,我却能感受到丝丝凉意。青春的笑容再次洋溢在两位师妹的脸上,祝酒歌也不知是谁起的头,很快变成了大家的合唱曲目。

结束调查的第二天,应两位师妹的要求,我带着她们去了大名鼎鼎的黄果树瀑布。景区很大,一天的游览甚是紧张,我们一路暴走，到了最后一个景点"陡坡塘"时，我早已精疲力竭，两位师妹却异常兴奋，听说"陡坡塘"是1986年版《西游记》的拍摄场地之一，强烈要求重走一遍"取经路"。我实在闹不过她俩，只得就范。走着走着，我突然想，其实田野调查对于语言研究者来说，又何尝不是"取经"的必经之路呢？

小小研究生

邹妍（北京市朝阳区花家地实验小学）

小曦是我们班一个聪明伶俐、活泼可爱的男孩儿。每次看到他忽闪忽闪的大眼睛，回答问题时略显夸张的表情，听到他和老师斗嘴时俏皮机智的回答，都让人觉得很可爱，他委实是我们班里的"开心果"。但看到他每次交来的作业，可真让人头疼，如"拔地而起"写成了"拨地而起"，"拨电话"又写成了"拔电话"，"莫名其妙"写成了"莫明奇妙"。这些易错字或词我都在课堂上细致地讲过怎么区分，如何想办法记住，听写词语时也将之作为重点，但这些对于那些"心大"的孩子，实在是收效甚微。

我思考着如何让这样的孩子主动认识到自己在语文学习中的问题，改变错字连篇的现状。一组语文综合性学习课文给了我启示，小学五年级上册中有一个单元，主题是"遨游汉字王国"。课文不仅提供了关于汉字的一些阅读材料，还给出了语文实践活动建议，例如搜集资料了解汉字的历史，搜集写错汉字、读错汉字而发生的笑话或造成不良后果的事例，策划一次社会用字调查活动……这是一个好机会，何不让学生自己去发现、去领悟呢？

在开展这一单元的语文实践活动时，我首先让学生自由分组，讨论活动方案。在巡视到小曦这组时，只听他们正热情高涨地讨论是搜集关于汉字历史的资料还是其他资料，我插话说："搜集这些资料对你们来说太没有挑战啦，而且容易与别的组撞车,你们想不想做一点不一样的活动?"小曦闪着鬼马小精灵的眼睛问我:"老师,什么不一样的?""老师平常总帮你们指出作业中的错误,你们想不想当一回老师给别人挑挑错呢?我们可以做一次语言不规范现象的调查,你们都是老师的小小研究生,还可以走出校门去调查,有没有兴趣啊?……"

就这样,小曦这组同学被我忽悠得成立了"咬文嚼字"调查组,我又指导他们小小练了一次兵,调查学校里的不规范语言现象。他们通过检查作业本、班级黑板报、学校宣传画中的用字情况,有了很多发现,例如找到了一些常见错字、别字,还有家长签名中的不规范写法等。

在结束了对学校中出现的一些不规范语言现象的调查后,我又引导他们扩大调研的范围,组员间进行了更为细致的分工,例如有的同学调查小区周边菜市场里的招牌广告用字情况,有的同学调查商场、街道的商标、广告用字情况,有的同学调查小区里张贴的各类公文、通知、警示语等的用字情况,还有的同学调查电视字幕中出现的各种用字不规范现象……

当然,在调查前,我们对调查方法也进行了充分的讨论,例如可以实地调查,也可以设计问卷,还可以通过网络进行照片等资料的整理。

周末回来后,孩子们兴奋地向我报告了自己的调查发现,并最终整理成一个小小的调查报告。节选部分如下:"我们在分发的传单和多个公共门牌、广告牌中发现了多处错别字。许多商家容易犯以下错误,例如'家具'写成'家俱'、'蘑菇'写成'摩菇'、'停车'写成'仃车'等。分析其原因,我们认为有以下几点:1. 对容易弄混的汉字掌握得不好;2. 用汉字或写汉字时不够细心，容易删减或增加笔画；3. 工作人员或管理人员责任心不强，在日常的工作中发现这些错别字后，没有告知商家并及时改正。针对上述情况，我们提出以下建议：1. 建议正在学习汉字的同学们，学时、用时一定要细心，有效减少错别字的发生；2. 用汉字时拿不准的应及时查阅字典；3. 倡导商家做更为精准的广告牌；4. 建议上级部门要加强管理，采取措施；5. 学生更有维护汉字尊严的义务，及时发现，予以纠正。"

按照惯例，语文实践活动有小组展示环节，小曦这组的调查报告和PPT，惊艳了全班同学。我"狠狠"地表扬了一番，尤其是表扬了他们团结合作、主动探究的精神。最后，我语重心长地说："当然，我们去'咬文嚼字'的目的不是为了挑错，而是引起大家包括我们自己对汉字的重视，我们要像爱护自己的眼睛一样爱我们的汉字，正像你们报告中所说的'维护汉字尊严'，从我们自己做起！"这个"咬文嚼字"组并没有因为这次调查结束就解散，他们的"火眼金睛"还帮助过老师更正板书中不规范的写法，督促过同学改正错别字，甚至对教材书中的个别地方也提出自己的看法。小曦同学对这项工作更是乐此不疲，自己作业中的错别字也越来越少了。

语文是与现实生活联系最为密切的学科，我想，语文教师不仅要以研究语言文字为基本工作，善做调查研究（例如研究语言文字的教学规律、研究学情），更应该做教学的有心人，授人以鱼不如授人以渔，带着这些"小小研究生们"主动发现，实践探究，不仅是为了让他们以母语乃至中国优秀文化为荣，更是为学生未来发展的核心素养奠基！

变形计

王莉宁（北京语言大学）

语言学一般会被划归为文科专业，学生以女生为多不稀奇，但传道授业解惑者似以男先生为多。因此，总有女学生问我："女性是如何炼成语言学者的？"我的答案是：按下列路径完成演变即可：女子 → 女汉子 → 汉子。演变通常发生在走出书斋，独立开展田野调查时，但开始时多半是"他变"，不得已而为之，比如，为了完成学位论文而走进田野。

2008年8月，在全民欢唱"北京欢迎你"之际，我背上行囊离开北京，开启了博士论文的田野调查之旅。历经一个月，在完成了浙江、安徽、江西、湘西等地的调查后，我终于到达最后一个调查点——湖南省岳阳市君山区。君山是一个新城区，位于洞庭湖西南岸，距离岳阳市区约20公里。老君山人把自己所说的方言称为"河西话"，属赣语大通片方言；把市区的方言称为"东乡音"，属湘语长益片方言。陈晖老师曾报道过君山河西话的清平字以是否有鼻尾为条件分调（例如，"多"与"东"声调不同），这正是我博士论文关注的重点问题之一，此行就是要对这一现象进行专题调查。

当时君山区还没有宾馆，我住在岳阳市区，当天可往返调查点。先安顿好，然后出门找车，路上被一位带着孩子的大姐叫住，让我给她们拍照。偏偏就是这么凑巧，这位大姐姓曹，恰好住在君山，她的爱人是司机，正在城里拉活儿。我激动得头皮发麻,决定跟车即刻前往君山,寻找发音人。上车后,曹大姐打开零食让我吃,我想都没想便立刻含到嘴里,酸甜之中伴随着一股类似薄荷的清凉味儿袭来,很提神;遂按照示范细细咀嚼,慢慢品尝,不承想没过多久,我的意识便越来越模糊,眼神也开始虚焦,离校多日奔波在外的困顿感排山倒海地袭来。曹大姐恍然大悟,说:"原来你醉槟榔啊!"

我就这样"晕"进了君山,并在萍水相逢的曹大姐家里歇了两个小时才逐渐清醒。随后找到了发音人彭大爷,前一天在电话里答应得好好的,说会配合调查工作,但当我这活人真送上门来时,老人便打起了退堂鼓,推说家里正在收棉花,不能配合调查。这下把我急坏了。君山是个多地移民混居的新区,只有老君山人才会说河西话,就连见多识广的曹大姐夫妇也不会说;而老君山人四散各地,难以联系,一旦发音人罢工,我便功亏一篑了。趁着槟榔的后劲儿未散尽,醉意壮人胆,我表达了千里迢迢来学习河西话的诚意,讲述着语言调查的重要意义,时而慷慨激昂,时而声泪俱下,最终老人勉强答应配合调查,再三强调条件是"要快",限期一天半。幸亏案头功夫准备得较为充分,编制了专为调查所用的例字例词表,总算如期完成了任务。本次调查核实了鼻尾分调现象,还发现君山河西话今送气声母已浊化,且送气声母字比不送气声母的调值低,这样一来,"多 [to^{44}]、东 [toŋ^{45}]、通 [dʰoŋ^{35}]"以鼻尾、送气声母为条件分化为三类不同的声调,这几乎是我见过的最精妙绝伦的声调分化现象了。

在回北京的火车上,我还有几分后怕:假如遇上的不是好人曹大姐,我还能晕着进去,醒着出来吗?

只身闯荡田野,有惊无险是常态。因此,与男同胞相比,女性更需要克服与生俱来的羞涩、柔弱和胆怯，才能处变不惊，从容不迫地开展调查研究。我曾半夜到达安徽舒城，小小的站台就只有我一个人，伸手不见五指，只能自求多福；曾为节约旅费，辗转几道赴澳门调查，在从广州到珠海的大巴上，新购置的5D相机就在脚边被盗，到了派出所报案才敢哭出声来；曾在江西南丰，手持介绍信、身份证仍百口莫辩，被当成是传销人员轰走；曾在广西桂平，吞下退烧药后立刻坐上"摩的"去寻找发音人，盛夏40摄氏度的天气，脸颊烫得要冒烟；曾在四川丹巴和云南独龙江，被不明昆虫叮咬，全身奇痒难耐，至今还留有浅浅的疤痕。我的女同行、女同学、女学生，有揣着剪刀出门的，有半夜听到敲门声吓得拿被子蒙头的，有因山路湿滑摔断肋骨的，还有在盘山公路上一边呕吐一边为遗书打腹稿的……一来二往，这能够坚持下来且没发生"回头演变"的，不都成汉子了吗？

　　语言调查的发音人多为老年男性，为了配合调查，需久坐多日、反复解说、密集思考，这与他们的作息习惯大相径庭，繁重而枯燥。因此，香烟和美酒既是发音人的解乏良药，也是我们行李中的压箱之宝。让我感到幸运的是，走进汉语方言的田野，除了艺高人胆大以外，只需练就吸得二手烟，在烟雾缭绕中准确记录语言事实的本事即可，不必像少数民族语言研究的同行那般，拥有好酒量成了田野调查的基本素质和必备技能。他们那片热情奔放的田野往往是喝得了调查得了，喝不了调查不了，有时语言不通，更只能靠"喝喝喝"融入社群以获得发音人的信任了。如果说汉语方言研究者是"渐变"的，那么少数民族语言研究者恐怕是"突变"的了！不过，老天爷的考验总是与惊喜伴随。中国有130多种少数民族语言，大部分还有待深入调查研究，有些语言迄今还没有人研究过；换句话说，只要认真调查，就会有重要收获。每每想到此处，我都有加速"自变"的冲动。

"自变"的动因是什么？我想，是揭示新语言、新现象、新规律时的成就感；是对研究报告里的每个字、每个音标都经得起检验的责任感；是在语言衰亡之前对其进行实态保存的使命感；更是对"悬诸日月不刊之书"历经2500余年传承至今的敬畏心。倘若你也有缘走进了这能带来成就感、责任感、使命感和敬畏心的专业，变形一遭又何妨？

后 记

2016年以来，商务印书馆陆续出版多卷人文社会科学研究者的田野调查故事，如《北冥有鱼：人类学家的田野故事》（2016年9月），《鹤鸣九皋：民俗学人的村落故事》（2017年6月），《鹿行九野：人类学家的田野故事》（2018年6月），《鸢飞鱼跃：民族学家的田野故事》（2019年11月）。这些田野故事多为笔记体或日记体，篇幅短小精练，科学性和趣味性兼具。人类学家、民俗学家的田野故事我们很熟悉，但也有丝丝失落之感。所谓熟悉，是因为语言学也是一门建立在田野调查基础上的实证学科，人类学、民俗学等人文社会科学研究者的田野经历，语言学者有过之而无不及，经验相似，体验相同；所谓失落，在于与其他学科相比，语言学的田野故事却少有面向非专业人群的描述或展示，语言学的各类学术研究浩如烟海，但调查笔记类的科普读物却屈指可数，以至于语言学在公众的印象里是模糊的，大部分人并不了解语言学和语言学者。

幸运的是，商务印书馆一直都在支持语言学者撰写属于自己的调查笔记。早在2010年，出版了曹志耘先生的《走过田野——一位方言学者的田野调查笔记》，这是以语言学家的田野调查笔记作为主题的专著，直至今日也并不多见。2017年起，商务印书馆精心打造的"中国语言资源保护工程"的标志性成果——《中国语言文化典藏》系列丛书20册、《中国濒危语言志》系列丛书 30 册，各册篇末都附有作者的田野调查笔记作为学术研究的补充，图文并茂，意趣非凡，获得读者好评。商务印书馆出版的邢福义先生的《寄父家书》，展示了一代语言学家的心路历程；李宇明先生的《人生初年》，详细记录了一名中国女孩的人生初年。在如此氛围之下，编写出版一部反映新时代"𫐐轩使者"田野调查历程的著作，实乃一桩美事。

2018 年，商务印书馆李智初先生与我们联系，共同策划本书的定位和选题。为向语言学田野调查的发端之作——扬雄《𫐐轩使者绝代语释别国方言》致敬，我们将这本反映新时代语言调查者工作群像的小书定名为《𫐐轩使者：语言学家的田野故事》。2019 年年初，我们向语言学界发出征稿信，获得了前辈支持、同人响应，最终收入 70 多位专家的 70 篇调查笔记。全书分为情、事、理、趣四部分，讲述 1949 年以来几代语言学者的田野调查历程；内容主要以国内学者的田野调查故事为主，也兼及海外学者来华调查，或国内学者去国外调查语言的故事。调查内容包括汉语方言、少数民族语言、跨境语言、海外华语、境外语言、语言的社会变异、女书、儿童语言、语文教学、计算机语言学习等诸方面。本书的作者多为在学界有影响力的语言学家，也包括正在成长的青年语言学人，以及个别来自民间的语言学爱好者。令人感动的是，多位已步入耄耋之年的资深语言学家，如钱曾怡、陈章太、孙宏开、邢福义、戴庆厦、李行健、李如龙、鲍厚星等先生为本书惠赐佳作，与读者分享了他们在田野调查中的所见、所闻、所悟，呼吁关注语言生活问题，重视田野调查，发扬实证精神的重要性，相信读者能从中获益。

在本书即将付梓之际，我们要感谢商务印书馆李智初、张艳丽、薛亚娟等师友的大力支持，他们为本书的策划、编辑、校对、润色、装帧和出版付出了时间和精力；感谢著名工笔画家刘山花女士和刘小庸老师，她们设计了仿木刻版画的精美插图，为本书增色增趣。此外，也感谢北京语言大学研究生康健侨为本书所做的联络和校对工作。

限于时间和篇幅，本书收录的仅是语言学家田野故事之一隅。当然，这仅仅是一个开端，期待着更多的志同道合者与我们联系，讲述阁下在田野里因"语言"而收获的情、事、理、趣。

王莉宁

2020年2月29日于北京语言大学